刑法规则研究

陈孝平 ◎ 著

中国政法大学出版社
2021·北京

声　明　1. 版权所有，侵权必究。

　　　　2. 如有缺页、倒装问题，由出版社负责退换。

图书在版编目（CIP）数据

刑法规则研究/陈孝平著.—北京：中国政法大学出版社，2021.1
ISBN 978-7-5620-9077-9

Ⅰ.①刑…Ⅱ.①陈…Ⅲ.①刑法—研究Ⅳ.①D914.04

中国版本图书馆CIP数据核字(2019)第134632号

出 版 者	中国政法大学出版社
地　　址	北京市海淀区西土城路25号
邮寄地址	北京100088 信箱8034分箱　邮编100088
网　　址	http://www.cuplpress.com（网络实名：中国政法大学出版社）
电　　话	010-58908285(总编室) 58908433（编辑部）58908334(邮购部)
承　　印	北京中科印刷有限公司
开　　本	880mm×1230mm　1/32
印　　张	6.75
字　　数	146千字
版　　次	2021年1月第1版
印　　次	2021年1月第1次印刷
定　　价	35.00元

前言（代序） Preface

题记：

解释法律，系法律学之开端，并为其基础，系一项科学性之工作，但又为一种艺术。

——萨维尼

在《规范犯罪论》写作的过程中，我已经萌生了专门写作刑法规则这一部分的想法。在我提出的一元论二阶层四要件的规范犯罪论体系中，犯罪构成的逻辑是由两个审查阶段完成。一是刑法规则违反性，二是刑法规范违反性，分别适用于类型化与非类型化两个阶段[1]。刑法规则源于刑法文本，所塑造的是模式化的行为。违反刑法规则指的是行为（或者说个案行为），犯罪是违反刑法规则的行为。违反刑法规则是建构犯罪论的基础。书中虽然专章节讨论了刑法规则，但并不全面，更不深入，有些非常重要的问题甚至没有涉及。现在，有机会回

---

[1] 表里结构仍然是一种规则与规范的双重结构。这里主要指前后结构。

过头来专门探讨这个方面的问题。一则是因为这个问题的重要性，二则是弥补《规范犯罪论》成书后留下的遗憾。更重要的是，需要修正《规范犯罪论》的某些观点。

另一个比较主观的感觉是，我国目前鲜有专门研究刑法规则的学者与著作。有关刑法规则的讨论大多散见于各种刑法学的著作中，没有形成系统化的知识。弄清楚刑法规则是刑法学建立理论体系的基础。不把这个基础打牢，整个刑法理论都会处于风雨飘摇之中。依靠这样的理论指导实践会存在诸多问题。我想，是时候解决这个问题，回归常识了。

有人曾指出，现代性带来问题是，凡是简单的都是错误的，凡是复杂的都没有用。我们是这个时代的一员，身在其中，想走出这种困境恐怕只能依靠理论研究了。

本书是一次回归常识的探索。在笔者提出的规范犯罪论体系下，从刑法规则的角度力求对该理论作出更清晰的解释。并尽可能地将涉及刑法规则的种种问题分门别类地梳理出一个相对完整的谱系，为日后有兴趣的同仁开辟一条通道。如此，本书的目的也就达到了。

陈孝平
2019 年 12 月 12 日

目录 CONTENTS

引　论 …………………………………………………… 001

第一章　刑法规则的渊源 …………………………… 003
第一节　刑法文本与法条 ……………………………… 003
第二节　从文本转换到规则 …………………………… 007
第三节　法律逻辑结构的产生与形成 ………………… 011

第二章　刑法规则的存在形式 ……………………… 016
第一节　作为宗旨与核心价值观的原理原则 ………… 016
第二节　概念范畴与制度范畴 ………………………… 022
第三节　罪刑规则 ……………………………………… 025

第三章　刑法规则的体系 …………………………… 029
第一节　刑法体系与刑法规则的体系 ………………… 029
第二节　目标导向的体系 ……………………………… 031
第三节　结构导向的体系 ……………………………… 035

第四节 生成方式导向的体系 ……………………………… 038
第五节 价值导向的体系 …………………………………… 046
第六节 功能导向的体系 …………………………………… 054
第七节 内容确定性导向的体系 …………………………… 060

第四章 刑法规则的性质 …………………………………… 064
第一节 强行法主导的规则体系 …………………………… 064
第二节 禁止规则 …………………………………………… 068
第三节 命令规则 …………………………………………… 074
第四节 组合规则 …………………………………………… 075

第五章 行为规则与制裁规则 ……………………………… 080
第一节 刑法规则的完整逻辑结构 ………………………… 080
第二节 行为规则 …………………………………………… 082
第三节 制裁规则 …………………………………………… 085

第六章 行为规则之基本规则 ……………………………… 090
第一节 基本规则的结构 …………………………………… 090
第二节 基本规则的类型 …………………………………… 100
第三节 基本规则与构成要件 ……………………………… 107

第七章 行为规则之修正规则 ……………………………… 115
第一节 修正规则的结构 …………………………………… 115
第二节 修正规则的类型 …………………………………… 117
第三节 修正规则的构成要件 ……………………………… 125

第八章　容忍性规则与构成要件 …… 130
第一节　容忍性规则 …… 130
第二节　容忍性规则的构成要件 …… 135
第三节　容忍性规则与禁止性规则的关系 …… 139
第四节　容忍性规则的有无类型与宽宥类型 …… 142

第九章　刑法规则的运用与观察 …… 145
第一节　刑法规则中行为模式的案例与分析之一 …… 145
第二节　刑法规则中行为模式的案例与分析之二 …… 152
第三节　刑法规则中行为模式的案例与分析之三 …… 160

第十章　刑法规则与犯罪构成的关系 …… 168
第一节　文本，立法规定之罪、类型化 …… 168
第二节　运用文本，司法认定之罪、非类型化 …… 173
第三节　规范犯罪论犯罪审查的逻辑结构与次序 …… 177

第十一章　刑法规则与刑事责任的关系 …… 187
第一节　犯罪与刑事责任 …… 187
第二节　行为规则与刑事责任的关系 …… 193
第三节　制裁规则与刑事责任的关系 …… 200

后　记 …… 204

引 论

法律大致可以解释为一套规则的系统。无论令行禁止还是悉听尊便都是在规则调整的范围内实现的。离开规则,法律也就不成其为法律了。有一种十分生动的说法——法律就如同长了牙齿的"嘴巴"。不光会"说话",还会"咬人"。如此以观,"(立法者)讲出来的话"就是法律,"咬人"就是适用法律。法律不是社会的"装饰品",而是"必要的恶"。在"必要"的范围内,社会获得退而求其次的善。"必要"之外,则是绝对的恶。但无论善恶,它们要真正地发挥作用,光说不练是不行的。离开"咬人"这个环节,试问谁还会老老实实地遵守法律!

法律的生命在于实施。可是,怎样才能实施好法律呢?对于本书的追求来说,这是个过于巨大也无法回答的问题。但提示一下法律实施的两个方面,对于回归本书的主题还是必要的。这两个方面一是相对社会而言的法律的遵守,二是相对国家而言的法律的适用。试想一下，如果法律没有提供什么具体的规则，或者所提供的规则是可以任意解释和实施的，那么，人民怎么遵守？国家如何适用？在这样的法律面前社会何以自保？个人何以自保？如果社会与个人不能自保，政府与国家又何以善终？因此，这是一等一的大问题，需要极其认真地对待。

刑法是国家法律体系中最严厉的部门法。常常被比喻为一把锋利的双刃剑。剑锋所指是人的生命、自由、权利和财产。因此，不能有任何的马虎与草率。弄清楚刑法规则的各个方面，可以从技术上防止人民无所适从，防止政府权力滥用。在工具理性的意义上，为刑法的有效实施创造必要的前提与条件。

刑法学的任务是揭示刑法的真理，即需要在纷繁复杂的刑法条文中把罪与刑的真理揭示出来。而分析与归纳刑法规则是最基本、最基础的工作。只有在这项工作完成以后，罪与刑的真相与真理才能清晰地展现出来。

那么，刑法规则是什么？它从哪里来？以什么形式存在？为什么存在？这种存在在刑法上有什么意义？它与犯罪构成，与刑事责任是什么关系？凡此种种都需要我们回答。本书就是一次认真的尝试，希望能"掀起刑法的盖头，让世人看看刑法的真容"！

第一章

刑法规则的渊源

法律的渊源通常是指法律的载体，或者说表现形式。大致有三种比较典型的类型。分别是成文法、判例法和习惯法（后两者也可合称为不成文法）。刑法规则如同其他法律规则一样，不过是隐藏在法律渊源身后的一种现象，需要我们挖掘出来。

第一节 刑法文本与法条

在大陆法系的传统中，刑法是以成文法的形式存在与表达的。受这一传统影响的国家纷纷制定了自己的刑法典。我国法治的现代化进程也深受这种传统的影响，从清末、民国到中华人民共和国所走的道路都是成文法[1]。现行有效的《中华人民共和国刑法》（以下简称《刑法》）及其修正案就是我国刑法最主要的渊源。它系统全面地规定了有关犯罪与刑事责任各

---

[1] 清末前的中华法系也是成文法传统。

方面的事项，是最权威的刑法文本。

当我们观察以刑法典为代表的成文刑法时，呈现在我们面前的是编、章、节、条、款、项等逻辑单元和由语言、文字、符号组成的法条体系。所有关于犯罪与刑事责任的规定都是由这些法条载明与表达的。这里涉及一些非常重要的常识和专业问题，一是法条本身的物本结构；二是逻辑关系；三是语言文字本身。这些问题也许因为过于常识化、经验化，往往被专业研究忽略。但说清楚这些常识对于解决更深入的专业问题并非多余。

从法条的物本结构看，成文刑法具有非常严格的渊源限制。一切不是国家最高立法机关制定（或认可）的"正式"法律都不能称为刑法，这是罪刑法定原则与法律专属原则在刑法渊源上的体现，具有极其重大而深远的政治与法治意义。它表明"无法无罪，无法无刑"，这一概括罪刑法定主义的经典格言最终需要落实到刑法渊源的识别与判断上。没有成文法的依据，一切危害社会的行为都不是犯罪，也不能施加刑罚。因此，具备成文法的渊源是判明罪与非罪等刑法问题首先需要明确的常识。

当我们把这些渊源作为观察对象时，文本的物本结构是怎样的呢？以我国刑法典为例，由两编及附则组成，第一编：总则，从第一章至第五章；第二编：分则，从第一章至第十章。有些章下面有节，有些没有。总则与分则之外，还有一个附则的规定。从法条上看，从第一条开始到最后一条结束，编、章、节是按照阿拉伯数字连续编排的。每条下面的款和项通常也是按照阿拉伯数字连续编排或者用区分段落的方式形成条、款、项的逻辑次序。由此,组成了我国刑法典的法条体系。这个体系是我们观察与研究中国刑法最权威的文本,整体上构成我国刑法学研究的对象[1]。

从研究对象的角度看,法条的物本结构是一个可以客观研究的对象。尽管法条本身是具有高度规范性的,但理论研究必须假设物本结构的客观性,并从这种结构中寻找和发现规律性的知识。由此,需要深入到组成法条的语言文字素材和有关的逻辑关系中,并从中观察和发现刑法向我们传递了什么信息。

从组成法条的素材看,所有的法条都是由语言文字和逻辑符号组成的。语言文字的规律与逻辑学的规律毋庸置疑地适用于刑法学的观察与研究。这决定了对刑法的研究首先是对语言文字的研究和逻辑研究,只有弄清了语言文字的含义和词语之间的逻辑关系才能对法条进行理解与识别,这是人民遵守法律和国家适用法律的文化条件。没有这个条件,人民将不知所云。因此,简明、精练、准确而逻辑一致地编纂法典是所有成文法传统的国家致力完成的任务。让拿破仑无比自豪的法典[2],在世界各国两百多年共同和各自的努力下已经成为刑法学研究的"典范",成为各国刑法学者研究刑法最权威的教条。公允地说,法典化后的成文法,在逻辑理性的世界里近乎不可挑剔。在日臻完善的刑法典中寻找条文之间的逻辑错误,几乎是一种不可能完成的任务。但悖论是,再完美的法典离开

---

[1] 这里所指的刑法学是教义或者信条刑法学,与整体刑法学不同。
[2] 1810年的《法国刑法典》是现代意义上最早的一部成文刑法典,该法典由拿破仑主持制定,故又称为《拿破仑刑法典》。之后,欧洲各国纷纷效仿,成为大陆法系刑法法典化的始祖。

解释就寸步难行。成文法国家无一例外地需要通过刑法的解释才能运用法典。否则，都是"镜中月，水中花"——中看不中用。可是，为什么会这样呢？这里，就涉及语言文字与逻辑理性本身的局限性。只要我们依靠这些素材，就必然受到这些素材的限制。从语言文字的角度讲，模糊性、不周沿性、主观性和开放性特别是语言文字含义边缘的"灰色地带"，始终是无法消除的。尤其是用于人文领域的语言文字，有些只能意会难于言传。因此，在使用语言文字表达时，传递者与接收者之间未必一致。作为交流的工具只有在达成共识的情况下才能理解。法条作为一种精练简洁的语言文字形式，相对说来是最容易达成共识的。但即使看起来确定无疑的表述，也会因语言文字本身的局限而产生歧义。比如，我国《刑法》第128条规定：【非法持有、私藏枪支、弹药罪】"违反枪支管理规定，非法持有、私藏枪支、弹药的……"这里的"枪支、弹药"从语言文字的角度看是非常明确的，但只要涉及枪支、弹药的具体形式，马上就会出现分歧。因为枪支、弹药广泛地存在于我们的生活之中，形态、功能、性质上各不相同且成千上万。哪些属于法条禁止持有的枪支、弹药，从文本的语言文字上找不到明确的答案。这时，将法条的完整表述纳入进来，语词之间的逻辑关系可以帮助我们限定枪支、弹药的范围，即"违反枪支管理规定"的，也就是说，不违反枪支管理规定的枪支、弹药不构成本罪的犯罪对象。但是，紧接着问题又来了。"违反枪支管理规定"是什么意思？管理规定是法律么？是谁，用什么方式规定的？是否属于有权规定？是否合法有效等疑问会将这个问题进一步引向需要解释与界定的其他领域。因此，离开解释,再光鲜的文本都无法适用。从逻辑理性的角度看,逻辑的参与固然大大地消除了语言文字本身的局限,但逻辑理性本身也是有局限的。古希腊人很早就区分了"逻各斯"logos(真理)和"努斯"nous(理性),意识到真理的彼岸性和理性的局限性。我们依靠逻辑理性确实可以接近真理,但只能在接近的意义上信任我们的理性。对刑法的研究同样如此,我们只能尽可能地靠近真理,尽可能地把刑法的真理性揭示出来。刑法学波澜壮阔的发展就是在探索刑法的真理,力图将隐藏在刑法条文中的各种真相通过逻辑理性的梳理形成规律性的知识,以便更科学地适用刑法。但无论是对于高度理性化的刑法文本还是高度理性化的刑法学,我们始终不可忘记理性的局限性。更通俗地讲,当我们把刑法文本整体上作为刑法学研究的对象时,除了警惕语言文字和逻辑理性的局限外,需要注意研究对象与对对象的研究两者的关系。作为研究对象的刑法文本,尽管被当作客体假设为一种客观现象,但它本身始终是一种高度规范性的社会存在。这决定了刑法本身不可能具有自足的科学性与正义性;作为研究的对象,刑法学需要超越文本的局限,需要一种独立于政治的批判精神。也就是说需要按科学的要求,"价值无涉"[1]地进行。

第二节 从文本转换到规则

刑法文本的世界是由语言文字和逻辑符号组成的。国家通

---

〔1〕 价值无涉是从马克斯·韦伯提出以来,一直作为社会科学研究的基本范式。一切对研究对象进行价值赋予与投射的社会科学恐怕只能是伪科学。

过制定、公布和实施刑法，将国家在这个领域的国家意志以法典化的形式表达出来，建立了刑法体系。以刑法典为代表的刑法文本构成最权威的刑法渊源。

经由刑法文本传达出来的国家意志，由于文字符号本身的局限性是不能直接运用的。必须有一种工具帮助我们清除文本中与生俱来的不确定性、模糊性、开放性、不周沿性。尽管当今的刑法典日益精致和准确，逻辑更加严谨，但对于解决犯罪与刑事责任如此重大的问题来说，仍然是不可靠、不充分的[1]。刑法在适用的过程中必须经历更"严苛"的审查，必须寻找一种更可靠的途径，必须将语言文字和符号逻辑转换成某种更确定、更清晰、更可操作的东西。首先这种东西就是我们所说的刑法规则。

在规范犯罪论的理论体系中，法条、规则与规范是三个观察与分析刑法由表入里、由浅入深的概念。法条是刑法的渊源，以文本形式呈现。规则是法条的转化形态，有着各种不同的面相，但刑法规则的终极形式是规定犯罪与刑罚的罪刑规则。这些规则通常以禁止、命令、许可等方式出现。规范则是规则的内核，由实体上的权利义务以及决定这些权利义务的价值观组成。三者之间既有同质性，又有非常重大的差别。其同质性在于它们都是关于犯罪与刑事责任的规范形式，其内在逻

---

[1] 英国国王詹姆士与柯克大法官关于法律与理性的对话非常生动而有趣地回答了这个问题：国王想用权力和自然理性压迫柯克，柯克礼貌而坚定地回敬国王道："我认为陛下对英格兰王国的法律并不精通，法官处理案件动辄涉及臣民之生命、继承、动产或不动产，只有自然理性是远远不够的，更需要人工理性。法律是一门艺术，需要长期的学习和实践。所以，臣以为您没有权力，也不能亲自审理案件，陛下您认为如何呢？"

辑上是一致的。它们差别在于，上述规范的表达形式与技术方案以及由此产生的一系列问题各不相同。由语言文字符号组成的刑法法条只能完成"文以载道"的工作，但要把这个"道"说清楚，必须深入到法条的身后，从法条的语言文字逻辑中去分析、发现、发掘、整理和归纳出一些更可靠东西。借助这些深层次的东西才可以看到刑法文本的真相，可以探讨解决刑事法域种种问题的内在规律，建构严谨的技术方案，并以此解决刑法在实施的过程中面临的种种问题与挑战。这就是刑法学的价值所在。

按照规范犯罪论的理论逻辑，法条文本尽管作为法律渊源具有崇高的权威性，但并不适合当作刑法理论体系建构的逻辑基础，只能作为研究对象并在对象的意义上提供各种素材。刑法理论是在这个基础上的观察与分析，是运用各种知识对刑法的研究，需要系统性地整理和回答涉及犯罪与刑事责任的一系列规律性的问题，并提供解决这些问题的技术方案。当我们从文本开始转入其背后的规则时，法律的逻辑思维、刑法的逻辑思维在文本的同构下才得以展开，刑法的理论建构才真正开始。借助理论术语、概念与范畴，通过整理与分析相关的逻辑条件、逻辑结构与关系，我们便有可能把刑法的真相与真理揭示出来。从法条到规则的转换，这是至关重要的一步。这种转换是必然的，也是必需的。这是因为：第一，只有将语言文字和逻辑符号转换成法律逻辑，专业上的思考与论证才有条件展开，相应的理论才能构建。这是语言文字学、逻辑学与法学的重要区别。第二，只有通过转换，法条的不周沿性、模糊性、不确定性和开放性才能被严谨的法律逻辑结构限制与消除。建立逻辑模型、梳理逻辑框架、分析逻辑单元、处理逻辑关系、消除逻辑矛盾等，经由语言文字到规则的转换，逻辑上再造了法律，使文本的条文体系被规则的体系取代，从而为进一步观察与分析刑法创造条件。第三，转换成规则后，法律的规范性要求才被能清晰地传达、识别与适用。国家禁止什么、命令什么、许可什么等规范性要求才能清晰地呈现出来。法律在清晰的规则面前才有可能成为调整社会的工具。

这项工作，与其说是法律文本"给定的"，不如说是由法律人职业共同体通过对法律的分析与研究，在长期的法律实践过程中归纳和提练出来的。规则的析出，对刑法的适用和刑法理论的建立，意义巨大。从这里开始，犯罪与刑事责任的理论才有条件建立在坚实的法律逻辑基础之上。

从文本到规则的转换过程，反映了刑法从大众化走向专业化的进程，是刑法的一次凤凰涅槃，是一次新生。此后的刑法适用与研究将穿过法条，走向规则。从对各种刑法规则的研究和分析中发现和归纳犯罪构成的规律，解决犯罪的刑事责任。规则的形成，为刑法的准确实施创造了最基础和最关键的条件。

因此，规范犯罪论将法条、规则和规范看成是理解刑法的三个层次。将刑法规则作为理论建构的基础，并从这个基础出发，将法条、规则和规范逻辑一致地整合在规范犯罪论的体系之中。这样，从违反刑法法条到违反刑法规则再到违反刑法规范，犯罪与刑事责任的内在逻辑可以一以贯之地建构起来。

第三节　法律逻辑结构的产生与形成

从文本的法条中分析出的刑法规则，是刑法最坚实的实体，是构成实体刑法学最基础的研究对象。如何在刑法文本中分析和归纳刑法规则，便是最基础的刑法研究。

在现代汉语中，规则一词泛指事物运行、运作规律所遵循的法则，广泛存在于自然界和人类社会。从词义上讲，规则一词包含规律、规矩、约束、可持续、可预见等含义。在社会观察中，人们因为不同的目的和需要使用规则并对规则进行分类研究。法律就是一套规则的系统，是调整社会最基础、最主要的形式。刑法是其中的一个部门法。在成文法的传统下，刑法是以刑法典为代表的文本形式存在的。在刑法文本以及条文中分析出刑法规则，并对它们进行分门别类的研究，是一项基础性的工作。当我们观察刑法条文时，规则信息的传达方式以及性质、功能等会呈现出非常不同的面貌。有些仅仅表述一个概念，有些在说指导原则（思想），有些规定了某项制度，有些有完整的罪刑结构，有些是一些技术性交待，有些仅仅是注意事项，等等。如何将这些非常异质的东西在刑法的逻辑下，一以贯之地解释清楚是刑法规则研究面临的主要任务。

这里，我们将沿续规范犯罪论的逻辑，先从宏观的层面对刑法文本中可分析出的规则作一个初步的分类。这是以刑法规则的终极目的为导向，依据规则的层次、性质与功能进行宏观分类。如此，可以把刑法规则分为三个层次（类型）：

一是概念性规则。刑法中有大量的概念性规定，用于解决各种事物的命名与定义。这些规则广泛地出现在各种法条之中，对有关事物的内涵与外延进行定义[1]。比如，我国《刑法》第13条关于犯罪的概念，第14条和第15条关于故意犯罪和过失犯罪的概念，第16条关于意外事件与不可抗力的规定，第54条关于剥夺政治权利的规定，等等。分则条文中也有大量的概念性规定，因属于罪刑规则范畴，不在这里讨论。

二是制度性规则。这些规则涉及实体或程序上的权利义务，解决刑法上有关犯罪与刑事责任或者全局或者局部上的事项。前者如我国《刑法》第6条到第12条关于刑法效力的规定；第17条到第19条关于刑事责任年龄和刑事责任的规定；第32条到第36条关于主刑与附加刑的规定，等等。后者在局部上解决犯罪与刑事责任某些领域与方面的事项，如我国《刑法》第20条和第21条关于正当防卫和紧急避险的规定；第22条到第24条关于预备、未遂、中止犯罪的规定；第25条到第31条关于共同犯罪和单位犯罪的规定，以及涉及刑罚制度方面的大量规定等。这是刑法中特别是刑法总则部分主要的内容，它们往往涉及犯罪与刑罚相对共性的全局或局部的一般规定。制度性规则也体现在分则规定的个罪罪刑规则之中，相对总则而言，分则中的个罪罪刑规则是特殊的制度规则。我们把它放在罪刑规则这个范畴来讨论。这里所指的制度性规则，是那些涉及犯罪与刑罚全局或局部的制度性规则。对这些规则的研究主要由学理上的刑法总论（原理）完成。

三是罪刑规则。这是刑法中法条数量占比最多，处理特定

---

[1] 某些概念性规则有些也承担制度性规则的功能。它们既是概念性的，又是制度性的，如意外事件、不可抗力等。至于分则中这种情形更普遍。

的权利义务关系，规定具体犯罪与刑事责任的规则。如我国刑法第二编分则以下从第102条到第451条规定的，和刑法修正案中规定的涉及具体犯罪与刑事责任规则。这部分规则是刑法规则中法律逻辑结构最完整的规则，也是前述概念性规则和制度性规则服务的目标，是我们对刑法规则进行解剖、研究的最典型的样本。以我国《刑法》第232条【故意杀人罪】为例，该条规定："<u>故意杀人的</u>，处死刑、无期徒刑或者10年以上有期徒刑；情节较轻的，处3年以上10年以下有期徒刑。"这是一条关于故意杀人罪的罪刑规则。下划线部分是关于杀人罪的规定，此后是关于刑事责任的规定。两部分的组合形成了完整的罪刑规则。这类规则具有完整的法律逻辑结构，是进行法律逻辑分析最理想的范本。一个完整的法律规则，逻辑上由三个要素组成：一是假设，二是处理，三是制裁。分别对应法条适用的前提条件、在这个条件下如何行动（行为）、否则将承担什么法律后果。也可以将前两个逻辑要素整合成一个要素，即行为模式。这样，形成"行为模式+制裁模式"的结构。所有的罪刑规则都可以用这个模式进行逻辑分析。

当刑法文本转换成刑法规则并最终以罪刑规则的面貌呈现时，完整的法律逻辑结构便产生了。依靠这种结构我们便有条件对相关的逻辑要素与逻辑关系进行分析，并总结出规律性的知识。比如，通过行为模式的逻辑分析归纳出犯罪在法律（文本）上的充分必要条件，为教义刑法学总结犯罪构成的规律创造条件。

在规范论的理论阵营中，有区分行为规范与裁制规范并用这两个核心概念进行刑法学理论建构的流派。用行为规范对应研究犯罪构成，用制裁规范研究对应刑事责任。在用规范逻辑思考刑法方面，以及在区分行为规范与制裁规范两类规范方面，规范犯罪论都是认同的。所不同的在于：解决犯罪构成的思路与方法。笔者提出的规范犯罪论严格区分规则与规范，将刑法规则看作是刑法法条的转化形式，而将刑法规范看作是支撑刑法规则的价值内容，由体现权利义务的实体（主要是法益与罪责）和决定这种实体的价值观组成。在对刑法规则的分析中，规范犯罪论将罪刑规则作为基础性规则和典型样本，在罪的部分，归纳犯罪构成；在刑的部分，探讨刑事责任。在犯罪构成的归纳分析中，将目光投向立法与司法两个领域，将立法规定之罪（文本）和司法认定之罪（运用文本）在犯罪构成的逻辑目标上进行全景式的思考，形成了自己一元论二阶层四要件的理论体系。因此，与上述流派的逻辑理路并不相同。但将罪刑规则区分为行为规则与制裁规则本身作为一种有价值的分类是值得肯定与借鉴的。

如此，可以说，罪刑规则是由两类规则组成：一是行为规则，二是制裁规则。行为规则解决规范行为的模式化，制裁规则解决违反行为规则的刑事责任。在文本的意义上（立法规定）两者都是模式化的，需要在司法实践的过程中个别化地适用。

两类规则对应的刑法理论，一是犯罪论，二是刑事责任论，正好与刑法的终极问题——罪与刑相一致。

由此，在行为规则领域，我们可以分析罪的构成，罪的形态等一系列涉及犯罪构成的问题，在制裁规则领域，同样可以分析"规则与运用规则"涉及的种种问题，并在共同的（规范)逻辑上解决刑法学的真理性[1]。

  由于罪刑规则是处理具体法律关系的权利义务,具有完整的逻辑结构,且在终极意义上这类规则解决罪与刑的法律关系并构成这种关系的制度安排,是整个刑法体系最终导向的目标。因而,在刑法规则的体系中具有更重要和更关键的意义。对刑法规则的研究需要全面地观照规则的全貌,上述三个层次的规则、行为规则与制裁规则的分类,以及刑法条文载明的其他事项,都需要分门别类地分析与研究。通过规则的研究,可以从专业上把犯罪与刑事责任——这个刑法与刑法学永恒的主题在文本的意义上解剖清楚,为适用这些规则创造条件。

---

[1] 这里涉及另一个更深层的法哲学问题,本体论与目的论、存在论与规范论之间有分歧。笔者认为,在这些领域刑法学是开放的,笔者提出的理论更重要的不是具体的结论而是思考犯罪构成的方法。就笔者的理论而言,或许可以视为统一论。即在源头上消除存在与当为,事实与规范的二元对立与冲突。

第二章

刑法规则的存在形式

刑法从文字符号的法条转换到刑法规则,是法律逻辑和刑法逻辑的必然。这种转换是如何完成的?完成以后以怎样的形式存在?有哪些基本的类型?这些问题,是研究刑法规则首先需要回答的。本章将针对这些问题进行初步的研究。

第一节　作为宗旨与核心价值观的原理原则

由文字符号组成的刑法文本,需要通过转换与再造,变成刑法规则。转换成规则以后,我们才有条件对刑法的内容进行符合法律逻辑的分析与研究。这与其说是语言文字与逻辑符号的性质与局限性决定的,不如说是法学学科的性质与方法论决定的。法学特别是刑法学是一门高度实践性的学科,由于犯罪与刑事责任涉及社会上每一个鲜活的生命的自由、权利与财产,容不得有丝毫的马虎,必须接受严格甚至严苛的检验。刑法学不是文学,也不是一般意义上的逻辑学,而是以犯罪和刑

第二章 刑法规则的存在形式

事责任为研究对象的学科，需要将自己的研究与结论建立在可靠的基础上，需要为科学地认定犯罪和解决刑事责任提供指引。因此，必须将法条的语言文字符号转换成可以清楚定义、归类、分析、识别并最终适用的模式化结构。通过这种结构消除语言文字的模糊性、不周延性、不确定性和开放性。为正确地适用刑法创造条件。

在《规范犯罪论》的刑法规则分类中，没有将刑法法条中极其重要的某一部分纳入刑法规则的范畴，但这一部分在刑法和刑法学上都极其重要。它往往规定和传达了这个社会在刑法问题上最核心的价值观，是作为刑法的宗旨和基本原理原则存在的。比如，我国《刑法》第1条和第2条分别规定："为了惩罚犯罪，保护人民，根据宪法，结合我国同犯罪作斗争的具体经验及实际情况，制定本法。""中华人民共和国刑法的任务，是用刑罚同一切犯罪行为作斗争，以保卫国家安全，保卫人民民主专政的政权和社会主义制度，保护国有财产和劳动群众集体所有的财产，保护公民私人所有的财产，保护公民的人身权利、民主权利和其他权利，维护社会秩序、经济秩序，保障社会主义建设事业的顺利进行。"这些法条开宗明义地把我国刑法的目的、任务、依据与宗旨鲜明地表达出来，从根本上指出了我国刑法创制、解释和适用的方向，这是研究中国刑法最根本的意识形态。紧接着第3条至第5条规定了我国刑法的三大基本原则，即罪刑法定原则、适用刑法平等原则、罪责刑相适应原则，这三大基本原则概括了我国刑法的核心价值观，同样是理解和解释刑法的核心（价值）内容。这些作为宗旨与原理原则存在的法条，整体上是作为政治意识形态和核心价值观发挥作用的，是理解和解释刑法规范的上层建筑。但是并不适宜将它们纳入刑法规则的分类中，因为这些法条无法处理有关犯罪与刑事责任的权利义务关系；不承担实体上（甚至程序上）的制度安排；在法律逻辑的结构中，不存在任何逻辑要素。在适用刑法解决定罪与量刑时也不会援引这些法条定罪量刑。因此，尽管它们非常重要，但并不适宜纳入刑法规则。

能够纳入刑法规则的刑法法条，必须或多或少、或直接或间接地满足处理犯罪与刑事责任法律关系中权利义务的需要，可以在法律逻辑结构上进行要素观察与分析，并对最终解决罪与非罪、此罪与彼罪、罪的形态，以及是否和如何追究刑事责任这些刑法问题产生器质性或（和）功能性的影响。这些法条构成刑法法条的实体内核，是刑法学研究的基本面[1]。当它们以规则的形式存在时，我们就能够用法律的逻辑对它们进行观察与研究，发现它们的逻辑条件、逻辑结构、逻辑关系，从中总结和归纳犯罪构成的规律，澄清刑事责任的疑问。

当然，这只是刑法学研究的一部分，是一种主要基于刑法文本的研究。从文本到适用文本之间，经历了立法到司法的过程，这个过程涉及犯罪与刑事责任从"分配正义"向"纠正正义"的过渡与转换。罪刑逻辑与罪刑关系会随着这两个环节的不同，发生一系列的变化。规范犯罪论分别用刑法规则违反性和刑法规范违反性两个概念概括这两个阶段。在违反刑法规则这个阶段，因为是基于文本的研究，犯罪与刑事责任都是以

---

[1] 有关原则与规则的讨论，可参考哈特与德沃金之间的争论。一般说来，原则涉及价值观，规则涉及规范效力。前者涉及理由，后者涉及救济。前者具有非判断性，后者涉及判断性，通常以"全有全无"的方式适用。

第二章 刑法规则的存在形式

"类型化"（模式化）的形式存在的。在违反刑法规范这个阶段，因为是基于个案研究，犯罪与刑事责任是以"非类型化"（个别化）的形式存在的[1]。这两个阶段既有同质性，又有异质性。其同质性在于，它们都是处理犯罪与刑事责任法律关系的，其罪与刑的内在逻辑（即规范价值）是一致的。违反刑法规则的行为，会符合逻辑地被认定为犯罪，也会符合逻辑地追究刑事责任。其异质性在于，两者面临的问题（模式化与个别化）与解决问题的途径（立法与司法）是不同的，由此导致的犯罪审查方法（犯罪论）和解决案件的刑事责任（刑事责任论）各不相同[2]。在规范犯罪论的主张中，犯罪构成是犯罪成立的充分必要条件。而是否满足这些条件，不是单纯地解决逻辑条件的充分必要性，而是同时解决定罪过程的规律性。存在与当为的统一，事实与规范的统一，是规范犯罪论立论的根本，也是规范犯罪论区别于欧陆阶层理论（存在与当为分离）在理论源头上的根本分歧。逻辑条件与价值条件的统一，始终贯穿于规范犯罪论的理论之中。在这种理论背景下，"文本"与"运用文本"是两个关键性的环节。在规范犯罪论看来，这是由两个递进的审查阶段和四个递进的逻辑环节组成的。两个递进的审查阶段：一是审查行为否违反刑法规则（文本），这是类型化审查阶段；二是审查行为是否违反刑法规范（运用文本解决刑法与其他法规范的协调与冲突），这是非类型化审查

---

〔1〕 这在规范犯罪论中，是指用于双层结构中的前后结构，在另一种结构即表里结构上，刑法规范又是刑法规则的深层结构，用于说明刑法规则的理由与目的。

〔2〕 规范犯罪论对我国大陆流行的四要件论，特别是以德国日本为代表的阶层理论有系统的批评，读者可参阅有关文献资料，这里不展开了。

阶段。两个阶段分别对应递进的四个逻辑环节，即类型化阶段的义务违反性、构成要件该当性[1]，非类型化阶段的法益侵害性与罪责性。四个逻辑环节依次进行审查：方法上，类型化审查是该当性审查，涉及规则、个案事实，以及符合性判断这种经典三段论式的形式审查，用于评估行为是否在形式上触犯刑法；非类型化审查是一种竞争性利益与价值观参与后形成的博弈论式的实质审查，重点是将一切具有该当性但不具有法益侵害性或罪责性的涉嫌犯罪的行为从犯罪构成的逻辑进程中排除出去。这样，刑法规则就成为研究犯罪与刑罚的基础环节。通过刑法规则的研究，可以搞清楚刑法确定的行为模式和制裁模式，为该当性审查创造条件。

在规范犯罪论的主张中，刑法规范是一个与刑法规则有联系而又严格区别的概念。从联系的角度看，两者都是关于犯罪与刑事责任的规范形式，具有规范逻辑（即有罪责地侵害法益）的一致性。但两者在逻辑层次和结构的功能导向上又非常不同，刑法规则是模式化的刑法规范，解决刑法调整对象的行为模式与制裁模式问题。它的直观形式是命令、禁止以及违反上述规则的法律制裁。用公式可表示为"行为模式+制裁模式"。如果穿过模式的外壳，走向规则背后的世界，那么体现价值范畴的权利义务关系和决定这种关系的价值观就会呈现出来，我把这种东西称为刑法规范。用公式可表示为"规则+权利义务+价值观"。刑法规则是这种规范的表达形式，由于它以

---

[1] 深层结构是法益侵害性与罪责性，此时这两性是类型化的，与前后结构的非类型化相对，只是类型化与非类型化的不同，为了行文的方便，此处没有涉及深层结构的表达。

立法的形式出现，所形成的是刑法文本，所以是模式化的刑法规范，是关于犯罪与刑罚的一般的、普遍的、抽象的、典型的表现形式。这种形式可以从规则与规范两个层次进行观察，从规则的角度看，这是一套关于令行禁止或者许可指示的规则系统。在刑法上主要由广义的禁止性规则和容许性规则，以及介于两者之间的指示性规则组成。其中的行为模式解决罪的标准，制裁模式解决刑的标准，两者的组合解决罪与刑的标准。从规范角度看，这些规则体现了模式化的权利义务关系以及背后的价值关怀，是这个社会在刑事领域解决"分配正义"的制度安排。如果把刑法规则比喻为一个外壳，刑法规范就是内核，两者组成形式与实质的表里结构。一切违反刑法（规则），侵害法益并有罪责（即违反刑法规范）的行为都会被规定为犯罪。一切犯罪行为，都应该追究刑事责任。

在规范犯罪论的体系中，刑法规范这个概念还用于处理从文本（立法规定之罪）转换到适用文本（司法认定之罪）的司法审查过程，用于概括司法审查中非类型化审查时的逻辑阶段。让模式化的规范逻辑（刑法规则），在个别化（刑法规范）的案件审查中继续保持规范逻辑的一致性。也就是直接利用价值理性，用反映刑法规范的权利义务关系以及体现这种关系的核心范畴——法益与罪责，实质性地评估案件情况，权衡各种竞争性的利益与价值冲突。折冲、调整、软化，甚至取消硬性的规则规定，实现个案的衡平与公正。因此，规范犯罪论严格区别刑法规则与刑法规范，从形式与实质、模式化与个别化两个维度分别使用刑法规则与刑法规范的概念，但始终将这些概念限制在具有"法律效用"[1]的实体刑法上。

如此,上述刑法条文涉及的政治意识形态与核心价值观尽管具有极端重要性,是我们理解、解释和适用刑法的根本,但因为不具有"法律效用",所以没有进入刑法规则的分类中。这只与法律实证分析的逻辑有关,而与重要性无关。没有纳入刑法规则之中,丝毫不影响上述核心价值观的重要性、根本性。相反,这些核心价值观会从宏观上全面支配整个刑事立法与司法,成为刑法学研究始终需要关照的价值背景和目的理性。从微观的方面说,这些核心的价值观也会通过刑法规则与刑法规范,在刑事立法与刑事司法的进程中体现出来,并主要通过制度与政策的实践贯彻在整个刑事法域之中。

第二节 概念范畴与制度范畴

在规范犯罪论的理论逻辑中,纳入刑法规则的首先是用于定义或解释事物内涵与外延的概念范畴。它们广泛地存在于刑法法条之中,根据主体的不同而分别发挥作用。概念是反映事物的本质属性的思维形式,以语文和符号为载体,是进行逻辑思考以及所有逻辑活动的基础条件。比如犯罪的概念可以将一切犯罪现象进行抽象的归纳,刑事责任的概念可以对所有的刑事责任现象进行抽象概括。刑法法条的条文基本上都有概念的使用与运用,是我们进行法律逻辑分析的基本素材。

刑法概念区别于一般逻辑概念的特点是,这些概念多少和

---

[1] 这里的"法律效用"一词是指具有法律规范的逻辑结构与要素,体现实体上权利义务的法条部分。

罪与刑这对刑法问题有关，服务和服从于刑法上处理涉及罪刑关系上有关的法律权利与义务，整体具有高度规范性，即使以纯粹技术性、解释性的方式来表达。比如我国《刑法》第91条规定："本法所称公共财产，是指下列财产：

（一）国有财产；

（二）劳动群众集体所有的财产；

（三）用于扶贫和其他公益事业的社会捐助或者专项基金的财产。

在国家机关、国有公司、企业、集体企业和人民团体管理、使用或者运输中的私人财产，以公共财产论。"这里的"公共财产"，涉及"国有""群众集体所有""用于扶贫和其他公益事业""专项基金""财产""私人财产"等概念，这些概念的背后都涉及高度规范性的、法律上的权利义务关系。而明确国有财产的概念与范围，对于解决涉及以国有财产为犯罪对象的不法行为又创造了条件。

因此，概念范畴构成了刑法规则最基础的逻辑单元，并根据定义事项的功能，单独地或者组合地发挥逻辑作用。

从某种意义上讲，刑法（文本）就是一个由各种概念以及处理这些概念关系的信息和逻辑组成的系统，因服务于罪与刑的法律关系而具有刑法学上的特殊意义。在终极意义上，这些关系是要解决罪与刑这对刑法问题的。概念组成的刑法体系，是解析刑法规则的第一个层次。

刑法规则的第二个层次，是由各种概念及其相互关系组成的制度范畴。在通常意义上，制度是指在一个社会（组织或团体）中要求其成员共同遵守并按一定程序办事的规程，是一个涉及实体标准与程序标准的规范性体系。在刑事法的视野中，刑法以及刑法学以实体问题为研究对象，而以刑事诉讼法（学）为代表的其他部门法（或学科）则专门研究程序或其他问题。因而，刑法规则制度化的基本面是以实体上的罪刑关系为主轴，集中处理实体上刑事法的权利与义务关系，通过建构各种制度，系统性地解决涉及犯罪与刑罚的各种规则。从点与面的关系看，制度规则有些解决全局问题，比如前述我国《刑法》第6条到第12条关于效力范围的规定，第33条、第34条关于主刑与附加刑的规定等。有些解决局部问题，比如我国《刑法》总则中大量涉及诸如正当防卫、紧急避险、预备、未遂、中止、共同犯罪、数罪并罚、自首、立功、累犯、缓刑，等等。这些领域构成刑法总则和刑法总论的基本和主要内容。有些则是特定的犯罪与刑罚的制度配置，如刑法分则各本条的规定。从层次的关系上看，概念是第一个层次，为理解和解释刑法奠定逻辑基础。制度范畴是实体刑法的内核，由此搭建起了刑法的各项制度。因为总则与分则的关系，制度范畴可以而且有必要作进一步的分类。将处理全局或局部问题的制度范畴，作为总则性的制度范畴（以下简称制度或刑法制度），而将处理个别犯罪与刑罚的制度范畴，作为相对总则的分则性制度范畴（以下简称罪刑规则）。两者的逻辑关系是一般与特殊、共性与个性的关系。从目的与手段的关系看，制度是为罪刑规则服务的。所有的制度规则都是手段性的，是辅助罪刑规则的手段。这些手段的不同组合与运用，最终服务于罪刑规则。比如，在A、B、C参与杀害D的刑事案件中。共同犯罪制度可以帮助我们判断他们是否构成共同犯罪；如果犯罪未完成，有关预备、未遂、中止的制度可以帮助我们形成犯罪形态上的判断；D 在反击中杀死了 A 或者损害了无关第三人 E 的财产，有可能满足正当防卫或者紧急避险的要求；作为累犯的 C 可能面临更严重的刑事责任；自首的 B 可能从轻处罚等。但所有这一切，在 A、B、C 的意义上都是为最终适用《刑法》第 232 条关于杀人罪的罪刑规则服务的。D 在反击的意义上如果行为过当有可能构成犯罪，但也是以某个罪刑规则作为定罪量刑的依据。因此，从制度与罪刑规则的关系中，我们可以断言，制度规则是手段性的，罪刑规则才是创制和适用刑法的目的性规则。由此，刑法规则可以解剖为三个层次，即概念范畴、制度范畴与罪刑规则。三者的基本关系是，概念服务于制度，制度服务于罪刑规则。在实践的意义上所有的刑法规则都是为解决刑事案件的罪与刑——这对刑法的永恒主题服务的。

刑法规则的三个层次及关系图示如下：

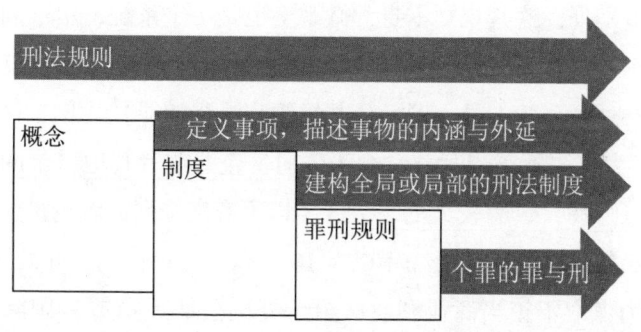

第三节 罪刑规则

罪刑规则是目的性规则，具有完整的法律逻辑结构，是解剖刑法规则最典型的样本。在罪的意义上，罪刑规则是行为规则。在刑的意义上，罪刑规则是制裁规则，分别由犯罪论和刑事责任论对其进行研究。

在行为规则的意义上，罪刑规则是关于犯罪的模式，集成了犯罪构成的法律标准。罪与非罪、此罪与彼罪、罪的轻重，以及"这个罪"的质与量的逻辑条件都集中在这个模式化的行为规则里。判断一个行为是否构成犯罪首先需要用这个标准进行衡量，如果满足这个标准，行为极有可能构成犯罪。

在制裁规则的意义上，罪刑规则是关于刑罚（广义上也包含保安处分和其他非刑罚处罚[1]）的模式。因应罪质与罪量的不同，分别配置不同的法定刑，为追究刑事责任提供制度安排。需要强调的是，行为规则与制裁规则都是模式化的，需要用模式化的逻辑进行分析与研究。

从罪刑规则内部观察，除了行为规则与制裁规则这种结构性的差别外，这些规则本身，微观上也是一个系统，由不同的子系统组成。以我国《刑法》第164条【对非国家工作人员行贿罪；对外国公职人员、国际公共组织官员行贿罪】为例，该条规定："为谋取不正当利益，给予公司、企业或者其他单位的工作人员以财物，数额较大的，处3年以下有期徒刑或者拘役，并处罚金；数额巨大的，处3年以上10年以下有期徒刑，并处罚金。

为谋取不正当商业利益，给予外国公职人员或者国际公共组织官员以财物的，依照前款的规定处罚。

---

〔1〕 我国刑法没有规定保安处分，但有一些非刑罚处罚的制度安排，这些安排主要集中规定的总则部分，分则条文中，都是刑罚的规定。这种概括主要是关照整体的刑事责任。

单位犯前两款罪的，对单位判处罚金，并对其直接负责的主管人员和其他直接责任人员，依照第1款的规定处罚。

行贿人在被追诉前主动交待行贿行为的，可以减轻处罚或者免除处罚。"这里的4款规定虽然都是罪刑规则，但彼此之间存在器质性或功能性的差别。其中，第1款下划线部分是基本规则，同款字体加粗部分是基于"数额巨大"形成的派生规则；第2款是与第1款性质接近，但在罪名与犯罪构成上是有区别的附生规则；第3款是单位犯前两款犯罪的附生规则；第4款是前3款的鼓励（奖励）性附生规则。可见，罪刑规则内部本身也是一个复杂的系统，需要作进一步的分类。即使在单一罪名和只有基本规则没有派生规则的情况下，也可能形成相对基本规则的亚结构的形式。比如我国《刑法》第133条之一规定的危险驾驶罪，该条规定："<u>在道路上驾驶机动车</u>，有下列情形之一的，处拘役，并处罚金：

（一）追逐竞驶，情节恶劣的；

（二）醉酒驾驶机动车的；

（三）从事校车业务或者旅客运输，严重超过额定乘员载客，或者严重超过规定时速行驶的；

（四）违反危险化学品安全管理规定运输危险化学品，危及公共安全的。

机动车所有人、管理人对前款第（三）项、第（四）项行为负有直接责任的，依照前款的规定处罚。

有前两款行为，同时构成其他犯罪的，依照处罚较重的规定定罪处罚。"

这里，危险驾驶罪的共同基本条件是下划线部分的规定，其他构成要素,有五种亚结构的行为类型,各自在犯罪构成上并不相同,但又全都构成危险驾驶罪。其中,第2款的构成与第1款第(三)项、第(四)项的行为有关,而第3款的处理,与前两款的行为有关。这里既牵涉行为类型上的差别,也涉及罪的转化,作为一个模式化的行为规则,法条确定的具体规则本身需要个别分析与判断,并将这些分析和判断统一在危险驾驶罪的构成逻辑之中。如果不了解这些子系统的特点,盲目地用形式犯与实质犯、实害犯与危险犯、具体危险犯与抽象危险犯等概念去套用危险驾驶罪的构成特征,将出现重大的错误。

因此,需要在了解罪刑规则的横向结构之外,进一步观察与分析罪刑规则的纵向结构,为更全面与更深入地揭示刑法规则的真相创造条件。

为此,本书将以行为规则为重点,力图全景式地分析与解剖刑法规则。在罪刑规则中,则以纵向分析为主轴,结合其他规则要素,对犯罪成立的逻辑条件进行论证。

罪刑规则的结构如图所示:

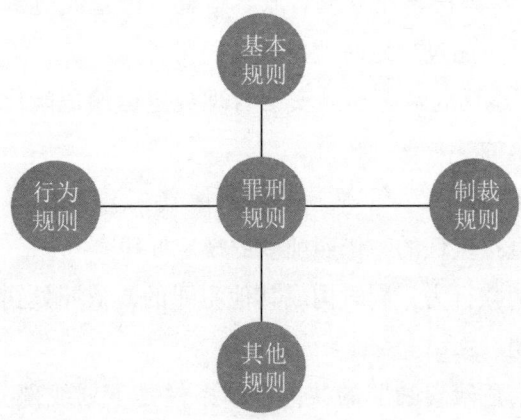

第三章

刑法规则的体系

刑法规则有着各种各样的面貌,在层次、性质、功能与作用上各不相同。只有将它们进行体系化的梳理,各种规则才能相互配合、彼此支撑,共同完成刑法的任务。本章将针对体系化的问题,进行初步的探讨。

第一节 刑法体系与刑法规则的体系

体系一词,泛指一定范围内或同类的事物按照一定的秩序和内部联系组合而成的整体。社会体系往往是一个目的性的系统。法律体系就是这样的一个系统,刑法是其中的一个子系统。这个系统的宗旨——比如我国《刑法》就体现在第1条和第2条之中,其核心的价值观体现在第3条到第6条的规定之中,这些规定从宏观上决定了我国刑法的目的性追求。但如前所述,这些体现我国刑法宗旨与原理原则内容的法条,并不适合纳入刑法规则,不适合作为解决罪刑关系的技术方案。

　　成文刑法都是一种体系化的存在。由语文符号组成一个文字、符号的系统。同时，也是体现刑法逻辑与价值观的系统。刑法文本就是由法条组成的法条体系，一般由编、章、节、条、款、项的逻辑结构与属种关系组成。刑法典是体系化的典型形式。这是一个语言符号系统，也是一个逻辑系统，由于所处理的是关于犯罪与刑事责任的实体法律关系，这样的体系在法律的分类中，就是刑法体系[1]。

　　文本化的刑法体系，因为文本的关系，必须转换成刑法规则才能产生"法律效用"，由概念、制度、罪刑规则等模式化形成的刑法规则，以转换、再造的形式成为实体刑法的真正内核。法条只是刑法的载体与渊源，真正的规范性内容是通过刑法规则来表达和实践的。由此，需要从法条体系中，梳理出规则的体系。这种体系不是立法，也不是对法条的否定，而是更精确和更专业地解决刑法问题。

　　由于法条与规则之间存在如此紧密而又大异其趣的关系，因此如何建构刑法规则的体系是一个非常具有挑战性的任务。大体上，可以从刑法与刑法学两个角度进行处理：

　　从刑法的角度，可以根据实证刑法的具体条文，按编、章、节、条、款、项的编纂逻辑逐一梳理刑法规则的内容。这

---

[1] 从立法的技术倾向来说，法律规则和法律条文的关系尽量是对应的，但是我们在法律条文中看到其表述法律规则的情况是不同的，具体而言，大致有以下几类突出的情形：（1）一个完整的法律规则由数个法律条文来表述。（2）法律规则的内容分别由不同规范性法律文件的法律条文来表述。（3）一个条文表述不同法律规则或其要素。（4）法律条文仅规定法律规则的某个要素或若干要素。因此条文体系需要转换成规则体系。以上主要内容引自百度百科词条，表述上略为调整。

样做的好处是与刑法文本的条文高度一致，便于一般化地理解和适用刑法，比较适合诸如刑法图解和条文读本这样一类图书的编排体例。但这会冲淡条文转化为规则的价值，淡化规则之间的有机联系。而且，刑法中有些条文并不具有规则性，一一对应在处理上也很困难与别扭。

另一种处理方法是，按总则与分则的编排体例，将刑法规则分为总则性规则与分则性规则。这样，可以将概念范畴与制度范畴放在总则部分进行归类分析，将罪刑规则放在分则部分进行研究探讨。这样处理的好处是与刑法文本的体例保持一致，又回避了前一方案的死板与尴尬，不足之处是这种两分法不能对刑法规则进行深入的解剖与研究，过于粗糙。但比较适合简易教科书类图书的编排体例。

从刑法学的角度，由于学术自由，不同的研究者可以相对超脱地面对法条，根据自己的专业特长甚至偏好进行探讨。这些探讨的学术价值会深化我们对刑法规则的认识，更好地提升刑法的品质，促进刑法学的发展。

本书探讨的体系就是一种学术体系，根据不同的主题与分类标准对刑法规则体系进行探讨，尽可能多角度地概括刑法规则的全貌。

第二节　目标导向的体系

从实体上刑法的终极目标考虑，所有的刑法规则都可以分为目的性规则与手段性规则。

目的性规则是刑法实践追求的实体目标，在规则层面就是指规定具体犯罪与刑罚的规则。这类规则规定了具体犯罪与刑罚的规格与标准，直接规定了罪名、罪状和法定刑，集合了具体犯罪与刑罚的完整要素，是定罪、量刑直接的法律依据。它是犯罪与刑罚的具体（个别）模式，也就是本书所指的罪刑规则。

将罪刑规则当作目的性规则，首先是因为一切刑法的终极问题都是在这类规则上体现与解决的，所有刑法的概念与制度都是为这类规则的最终适用服务的。其次是这类规则具有完整的法律要素和逻辑结构，能够全面地、典型地体现文本的规范要求，成为调整社会的行为标准。最后，从司法的角度讲，罪刑规则是司法审查首先需要审查确定的规则，其他规则在这类规则的基础上辅助并最终为罪刑规则的适用服务。它们是定罪量刑的直接依据，模式化地规定犯罪与刑罚的关系，成为人们理解和评价特定犯罪与刑事责任的法律标准。从技术上讲，刑法的创制、适用最终需要在罪刑规则上得到实践与贯彻。目的性规则的析出，可以在技术方案上指示刑法研究的目标，防止出现本末倒置的现象。

手段性规则是指为目的性规则服务的各种规则。这类规则名目繁多，层次、性质、功能各不相同。有些只规定了某个概念，有些规定了某项制度（一部或全部）。从内容上说，有些具有造法性，有些是纯粹解释性、说明性的，有些规则单独看，不具有任何规范性的要素，是纯粹的技术性规则，比如我国《刑法》第 99 条规定："本法所称以上、以下、以内，包括本数。"就是适例。但这类规则有一个共同的特点，就是不完整也不直接地规定罪与刑的关系，而是解决犯罪与刑罚的一些抽象关系（比如犯罪概念），或者从某一个侧面、某一个局部、某一个问题上为罪刑规则的创制与适用创造条件，前述概念与制度规则全都属于这类规则。从技术上讲，这类规则虽然并不直接规定具体的罪刑模式，但即使处理的是某个局部问题也往往概括了这个问题在犯罪与刑事责任上的一般情况。这些规则将相对共性的一些问题或者除外条件用概念、制度等规则形式确定下来，处理了在具体模式中不便处理的，甚至处理不了的涉及共性和技术性的大量问题。它们构成刑法总则和刑法总论的主要内容。

需要说明的是，目的性与手段性规则的划分，是一对相对的范畴。在规则的系统和子系统中，目的与手段是相对的、多层次的。根据不同的主题这种方法可以广泛地使用。

在目的与手段之间，存在某种目的理性与工具理性之间的逻辑维度与逻辑关系。目的是我们追求的目标，手段是达成目标的方法。两者之间除了逻辑结构上的差别外，最为重要的关系应是符合比例原则，即不允许不择手段地达到目标。对于像刑法这样严厉的法律来说，比例原则的强调格外重要。因此用这一原则来观察规则，区分目的性规则与手段性规则就很有必要。总则规定的概念与制度虽然是服务于罪刑规则的，但是由于它们是关于犯罪与刑罚的最一般形式，归纳了犯罪与刑罚的一般规律，因而又构成罪刑规则适用的刚性约束，是体现与反映比例原则的制度化形式。

归根结底，所有的刑法规则都是模式化的。目的性规则与手段性规则也是在模式化的背景下进行的划分，这种关系在模式化的制度层面，因为立法的特性，一般是相对理性的[1]。因为立法并不会考虑张三杀死李四的问题，而是考虑杀人罪的抽象规则。在诸如共同犯罪，犯罪未完成、累犯等制度性规则的层面，也不会考虑张三和李四的具体犯罪情形，而是解决给定条件下的抽象的法律标准。因此，在目的与手段之间会基于法律的工具理性要求建立相对合理的关系，以体现比例原则的要求。但在司法环节，因为所处理的是个案问题，情况与立法时非常不同，破坏比例原则的因素会大大地增加，错误或不择手段地解释与适用刑法的风险也会大大增加。揭示目的性与手段性规则的关系对于防止司法风险可能具有重大意义。

目标导向的体系如图示：

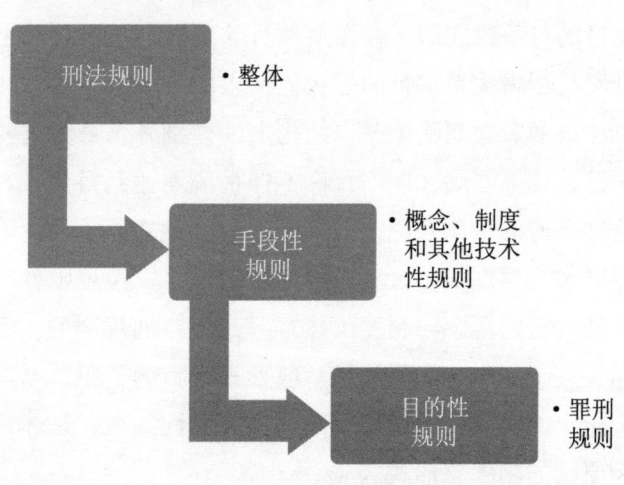

---

〔1〕 这取决于特定社会的分配正义，比如人人在法律上平等与权利等差的分配体制下，两者的分配体制会体现这个社会的价值理性，对这种理性仍然可以进行政治经济学的批判。

第三节　结构导向的体系

刑法规则本身是一个系统。不同的规则之间具有不同的功用与价值，从结构上观察刑法规则，可以帮助我们更好地理解与适用刑法。从文本上观察，欧陆法传统的国家一般将刑法分为总则与分则两编。在总则部分处理涉及犯罪与刑罚的全局性、一般性和部分局部性事项。在分则部分则依据类法益的分类将某一类犯罪和特定犯罪与刑罚规定下来，由此形成了刑法规则的体系。从犯罪论的角度，我们可以根据理论建构的需要重新梳理这些结构关系，形成理论上的分类。如果把罪刑规则视为具有完整法律逻辑结构，并且是体现刑法实体归属的目的性规则，且如果可以把刑法规则比喻为一座大厦，那么可以把罪刑规则比喻为这个大厦的基础，根据结构关系搭建刑法规则的体系。这样，就可以将刑法规则分为基础性规则与结构性规则。

基础性规则是具有完整的罪与刑的逻辑结构，支撑其他刑法规则的规则。在建筑学上，基础（foundation）是指将结构所承受的各种作用传递到地基上的结构部分，是支撑整个上层建筑的基石。借用这个概念观察刑法规则，会发现仍然离不开对刑法终极问题的思考，而这些终极问题最终都会汇集到法律对具体的罪行与刑事责任的制度安排。这种制度在结构上是全面而完整的，相对其他刑法规则它是一种基础性的结构，是典型的罪与刑的模式化标准。从观念的角度看，这是一种"理想类型"。在给定条件下，可以形成具体罪行与刑事责任的逻辑标准。因而，可以作为基础性的规则进行分类。在本书的语境下，这样的基础性规则就是罪刑规则。它提供了犯罪与刑事责任的行为模式与制裁模式，而且是全面和完整地提供了这种模式。依据这样的模式，我们不仅可以抽象地判断犯罪，而且可以具体地判断罪名，解决该罪名下行为人应当承担的刑事责任。

结构性规则是指基础性规则之上的上层建筑，它本身不承担基础作用，不是所有犯罪的逻辑条件，只是某些（比如未遂）、某类（比如缓刑）罪刑关系的逻辑条件。这些条件从制度上看具有某种独立性，可以作为刑法规则的一个主题进行研究，但这些规则都离不开罪刑规则的基础与支撑。在刑法的终极意义上，特别是对于定罪而言，并不具有独立的意义，最终需要罪刑规则来落实，并服务于罪刑规则的适用。也许，将它们称为辅助性规则更加合适，因为它们是配合罪刑规则的规则，是在罪刑规则的基础上运行的。

在罪刑规则行为模式的意义上，传统刑法理论从构成要件的角度，区分了基本的构成要件与修正的构成要件。前者是指刑法分则各条的基本条款以及根据这种条款归纳形成的构成要件，后者指基本条款之上因为某些构成要素的变化形成的修正形态，比如未遂与共犯。这种分类在规则意义上就是一种基础性规则与结构性规则的反映。从规则的角度看，基本的构成要件所指涉的规则就是罪刑规则[1]，修正的构成要件所指涉的规则就是结构性规则。结构性规则不能单独地适用，必须依靠

---

[1] 但只是罪刑规则行为模式的基本部分，罪刑规则还包括派生性或附生性的其他规则。

基础性规则,并以两类规则结合的形式才能对犯罪形态作出区分与判断。换言之,两类规则分别从基础与结构上合力塑造了"给定"罪名的犯罪类型,产生新的罪刑模式。以我国《刑法》第236条【强奸罪】为例,该条第1款规定"以暴力、胁迫或者其他手段强奸妇女的,处3年以上10年以下有期徒刑"。这是一条基础性规则,规定了强奸罪的罪刑模式。张三在强奸李四的过程中,自动放弃犯罪。根据我国《刑法》第24条规定:"在犯罪过程中,自动放弃犯罪或者自动有效地防止犯罪结果发生的,是犯罪中止。对于中止犯,没有造成损害的,应当免除处罚;造成损害的,应当减轻处罚。"这时,两类规则的结合形成强奸中止犯的新结构、新类型。它既不是完整的强奸罪,也不是没有内容与指向的中止犯,而是强奸罪的中止犯。在类型上,是一种"A+B=C"的结构,所产生的是一种新的罪刑类型。在解决张三案件的过程中,两类规则共同发挥了制度规范和制度约束的作用,形成了新的类型。正是这种新的模式,构成了解决张三案件的法律依据。在这种新的模式下,《刑法》第236条所确定的规则,在经过第24条的修正与变通后得以更妥帖地实施。

基础性与结构性规则的划分,以及两类规则的组合对于解剖刑法规则,正确地理解和适用刑法极其重要,是刑法学研究的重点领域。

基础性规则与结构性规则图示如下:

刑法规则研究

第四节 生成方式导向的体系

刑法规则的生成方式或机制可以从各种角度进行观察，比如从形成的国家权力与程序上，可以分为立法规则、司法规则和行政规则[1]。从规则的原生或者传来上观察，可分为固有规则与传来规则[2]。本节所要讨论的，是过去在刑法学研究中常常忽视的一类规则。这类规则常见于其他一些学科对人类社会的观察与分析，未必与我们所说的法律规则含义相同，但作为一种理解和解释刑法规则的背景仍有启示意义。这类规则有许多不同的解释和界定，比如我国学者吴思先生在分析中国历史时使用的明规则、潜规则、元规则；哈耶克在历史与社会分析中使用的"自生自发秩序"和"组织秩序"；哈特在规范分析中使用的初级规则与二级规则；凯尔森使用的最高规则与次级规则；以及其他一些学者对社会规则的研究。这些不同的分类对观察人类社会的规则与规范都有十分重大的意义，但从

---

[1] 立法规则是严格意义上的刑法规则，司法规则是有效力的适用规则，行政规则可能成为准用或者参照性规则。但行政规则始终存在罪刑法定主义的疑问。

[2] 参见本书第六章第二节部分。

法律的角度，有一种分类比较接近哈耶克意义上的自生自发形成的规则和组织意志搭建的规则（其实哈特的分类也差不多，只是角度不同）。这种规则，我们称之为构成性规则与调整性规则。

所谓构成性规则是指组织人们按照规则规定的行为去活动的规则。这类规则的特点是，规则所调整的行为在逻辑上依赖于规则本身。这种规则是依一定的"组织秩序"（比如立法）创设的，并且依这种创设产生规范作用，形成行为模式。如果没有这些规则，行为在法律上无法界定与处理，比如设定某一国家机构的规则就属于典型的构成性规则。没有这些规则，不能产生国家机构，产生了也是非法的。在刑法规则中，体现这类规则的主要是刑法总则中的大量制度性规则，犯罪部分关于刑法的效力范围、故意过失、责任年龄、责任能力、正当防卫、紧急避险、预备、未遂、中止、共同犯罪等[1]，刑罚部分关于主刑、附加刑、缓刑、假释、减刑、时效、赦免等都是这类规则。这些规则的行为模式需要依赖规则本身并在逻辑上先于所调整的行为。在分则中，罪刑规则也有相当数量的构成性规则，主要体现在派生性规则与附生性规则之中。此外也会出现在某些基本规则之中，特别是所谓法定犯/行政犯的领域。

所谓调整性规则是指所调整的行为先于规则本身，是对业已存在的行为进行制度确认与调适的规则。这类规则的特点是，所调整的行为先于规则存在，它是对已有行为方式的承认

---

[1] 有些范畴，是构成性与调整性交织的，从某个角度看是构成性的，换一个角度则是调整性的，比如，故意过失、正当防卫、紧急避险，甚至预备、未遂、中止等。

或进一步的调整。尽管它以"组织秩序"的方式"背书",但背书的内容却不是武断的,而是接近于哈耶克意义上的"自生自发秩序",是对业已存在的行为方式进行精致化、标准化。从逻辑上讲,该规则调整的行为先于规则本身,它的功能在于更规范地调整与控制行为,在于对行为的模式予以承认、调适、修正或统一,产生更权威的标准。比如交通法规,人们的交通行为先于交通法规产生,但交通法规则反过来调整交通行为。在刑法规则中,大量的规则属于这类规则。在法学格言中有一条非常有名的格言这样说:法律不是被制定的,而是被发现的。立法者制定法律其实是代表社会把内含于社会的"法律"用法律的方式表达出来而已。这个格言很好地传递了调整性规则的神韵[1]。如果构成性规则可以概括为"从无到有",那么,调整性规则就可以概括为"从有到精"。如此观察,罪刑规则中的基本规则,有相当数量的属于调整性规则。特别是所谓自然犯的领域,非常典型地体现了这种自生自发的秩序。

需要说明的是,构成性规则与调整性规则的划分并不是绝对的,特别是在当代社会普遍的治理结构倾向于法治——特别是在成文法的传统下,大量的行为方式被纳入或建构为法律规则调整的范围。但在法律体系的技术处理上,并不会刻意地表达规则的构成性或调整性。一个法条可能集合构成性与调整性的双重风格,比如分则规定的大量罪刑规则,其基本面侧重调

---

[1] 传统理论在分析刑法规范时,有所谓评价规范与决定规范的争论。其核心的争议在于:法规范是存在于社会本身之中,还是仅仅是立法者对社会发出的命令、禁止信息?在将法规范理解为评价规范的意义上,调整性规则就是典型的评价规范。

第三章 刑法规则的体系

整性，附生性规则和派生性规则可能侧重构成性。以我国《刑法》第234条之一规定的【组织出卖人体器官罪】为例，该条规定："<u>组织他人出卖人体器官的</u>，处5年以下有期徒刑，并处罚金；情节严重的，处5年以上有期徒刑，并处罚金或者没收财产。未经本人同意摘取其器官，或者摘取不满18周岁的人的器官，或者强迫、欺骗他人捐献器官的，依照本法第234条、第232条的规定定罪处罚。违背本人生前意愿摘取其尸体器官，或者本人生前未表示同意，违反国家规定，违背其近亲属意愿摘取其尸体器官的，依照本法第302条的规定定罪处罚。"这里，下划线部分是基本规则，偏于调整性规则。中划线部份是派生性规则。第2款和第3款是规定转化犯的附生性规则。它们是在基本规则的基础上，因为程度或者某些行为方式的变化派生或者附生地形成的构成性规则。涉及法定刑的部分全部是构成性规则。再如总则中规定的许多制度（特别是犯罪领域）虽然总体偏向构成性的（比如共同犯罪），但却常常是以调整性的行为为基础，潜在地以该种行为"古已有之"补充规定了这种行为，并构成"规定"这种行为的构成性规则。有了这种规则的构建我们便有条件对什么是共同犯罪进行识别与判断。

更宽泛地讲，随着罪刑法定主义的确立，所有关于罪与刑的规则都是按"法律专属原则"由正式的立法规定的。在某种意义上都是构成性的，甚至是严格地构成性的。反过来讲，所有的构成性规则除非（立法者）不食人间烟火，又或多或少地需要对调整性规则作出呼应。顺应这个社会"自在自为"的规范性要求，两者是相辅相成的。传统刑法理论上有所谓决定规范与评价规范的区分与争论：前者主张法是国家向社会发出的命令和禁止规范，后者主张法首先是评价规范，然后才由立法者的命令成为意思决定规范。其实从另一个角度也是表达了调整性规则与构成性规则的这些特质，它表明法从来就不是立法者任意的意志。区分调整性规则与构成性规则对于我们深入地观察与解剖刑法规则有着重大的理论意义和实务价值。

这些意义与价值主要体现在以下三点：

一是解决规则的逻辑关系。构成性规则是以该规则的规定作为产生某种行为方式的前提条件。在构成性规则生效之前，受其调整的法律关系并不存在，只有当规则产生之后，人们才能依据这样的规则规范自己的行为，通过制度形成行为模式。逻辑上，规则在先，行为在后，没有规则行为便无从谈起。就像罪刑规则中所有规定法定刑的规则，试问离开它们裁判者如何裁判？这种逻辑次序上的先后关系，凸显了法律判断对规则的高度依赖性。离开规则就没有思考与判断行为法律属性的任何条件，无法理解、把握、运用和处理任何法律上的权利义务关系。

调整性规则所调整的行为在该规则产生之前就已存在。法律是对这种业已存在的关系与行为方式的再确认、再评价（即认可），是对业已存在的行为方式进行规范化、标准化。通过赋予法律权利和设定法律义务对这种业已存在的行为方式及权利义务关系进行确认与调整。其作用只是按照一定的价值标准和技术要求对这些关系加以区分和选择，将某些既存的社会行为方式上升为法律上的权利义务，使之成为全社会一体遵行的法律标准。这种逻辑上先有行为后有规则的关系，同样具有十分重要的意义。它可以让我们观察到规则的原始形态，进而观察这种形态与规则形成后与规则本身的关系。笔者认为，把这些关系弄清楚，对刑法的创制、解释和适用都具有重大意义。

二是解决两类规则的规范功能。构成性规则是依赖于规则本身确定行为模式的，是一种典型的建构表现，具有非常显性的"制造"痕迹。在"给定"的条件下，立法者创设了这些规则（无论刑事、民事、行政或其他），并用这些规则去规范社会。比如纳税、开公司、定罪量刑等，依靠这些规则建立起令行禁止和允许意思自治的法律秩序。无论在技术或者政治层面，通过创设规则，可以实现立法者追求的社会目标。换言之，构成性规则能够基于立法者的意志，"从无到有"地建立意志的对象——规则，并要求社会共同遵守。在刑法上，除了总则中大量的技术性、制度性规则外，罪刑规则中即使属于基本规则的领域，也有相当规模的构成性因素甚至可以直接视为构成性规则，这类规则以法定犯的形式最为典型。规则本身是国家意志的体现，却未必具有文化上或者伦理上的反规范性。但国家通过将这种行为犯罪化，使这种行为变成刑法上的罪行。通过规则的建立，国家的意志得以实现。

调整性规则，相对构成性规则而言，"制造"的痕迹就少了许多。是一种对社会业已存在的行为方式和这种方式（自在自为、自生自发）的权利义务进行再确认、再平衡、再调整形成的，其核心的价值判断早已沉淀在"这个社会"的文化规范之中。杀人放火、抢劫强奸等罪行不需要立法者从无到有的创设什么规则，只需要将社会业已存在的规范性关系用更清晰的标准确定下来。立法者在这里与其说"制定"了法律，毋宁说

"认可"了法律。立法不过是"认可"和标准化的一种形式。这种调整性规则与社会具有更亲缘的关系,更古老的传统,更内含于社会的价值选择,或者更形象地说,更民主。老子用"治大国若烹小鲜"来形容这种可以意会难于言传的关系。黑格尔用"客观的法"来形容这种关系。其实都在表明,这是一种属于社会(人民)的历史(生活方式)和文化(核心是价值观),其价值判断早已融化在人民的血液之中。

构成性规则与调整性规则这两类规则虽然最终都以成文法的形式变成吴思先生所说的明规则,但两类规则的内部却可能存在紧张的关系。恶法,可能面临"恶法非法"的挑战。也可能面临"恶法亦法"的强制。在明规则之外,潜规则会改变明规则规定的权利义务,产生另外的实践效果。元规则却可能在两者都失去效用的情况下"图穷匕首见"。当然,这是另一个话题了。

三是因为两类规则的生成途径与方式的不同,在刑法解释理论上会形成差别。构成性规则因为"制造的"形成方式,比较直接地反映和体现的立法者的意志。又因为这类规则调整的行为依赖于规则本身,所以适宜用主观解释和历史解释的理论进行规则诠释,通过回溯立法的历史进程,立法时的草案解释规则本身的文义,将立法者的立法意图、追求、目标揭示出来,适用者可以根据这种解释找到清晰的目标定位,准确地适用刑法。

调整性规则因为来自社会、来自民间,具有更内在的价值结构,是一种约定俗成而又与时俱进的"原生态"。又由于这类规则毕竟先有行为后有规则,因此适宜用客观解释理论和目的论来诠释规则。这种理论的解释立场与风格是不必回溯立法的历史，也不必追问立法者的意图。而要把刑法文本当作客观的对象，因为它本来就是对自生自发秩序的一种认可。必须与时俱进地确定规则的权利义务关系，按事物本身的内在逻辑进行解释。即所谓客观解释和目的论解释。而解释的根本走向是发现这个规则（对社会而言）的利益与价值所在，实质性的目的是什么。例如，我国《刑法》第263条规定的【抢劫罪】第（六）项规定"冒充军警人员抢劫的"情形。在真的军警人员实施抢劫的案件中，由于法条没有规定，能否按这个法条处理？如果按这个法条处理，显然与文义不符。如果不按这个法条处理又显失公正。主观解释未必能够解释清楚这种规则，因为当初的立法者未必预料和考虑这类情况。其立法之初和立法原意指向"假冒"的情形是清楚的，而没有假冒的情形是不清楚的，或者至少是不能确定的。但客观解释就不会困难，因为人们会把这样的抢劫理所当然地视为与假冒相当甚至更严重的形式。在立法没有对这种行为专门立法之前，甚至司法没有权威解释之前，通过客观解释和目的论解释，可以将这类行为解释到这个规则之中。这种解释对社会而言，没有任何价值上的障碍。可见，两种不同的解释理论会产生不同的解释效果，而构成性规则与调整性规则隐含着牵引两种解释理论的方向。

生成方式导向的规则体系如图示：

第五节　价值导向的体系

根据刑法规则的价值导向是"入罪"还是"出罪",可以将刑法规则分为禁止性规则与容忍性规则。

禁止性规则指广义地禁止人们行为的规则,可进一步将这类规则细分为禁止规则、命令规则和禁止与命令结合的组合规则。这类规则的价值导向主要体现在行为规则的犯罪化模式,将所有刑法禁止的行为通过这类规则标准化。在制裁规则层面,则是强制刑法的适用者,按规则确定的法律尺度对犯罪者适用刑罚。

禁止性规则在法律关系上,体现的是法律义务,是强制社会以"遵守的方式"履行的法律义务。它表明犯罪是对法律义务的违反[1]。由于刑法规定的是最严重的违法形式,所以,这种义务违反也是违反法律义务最严重的一类。禁止性规则是义务违反行为的表现形式。当我们说所有的犯罪都违反了刑法规定的禁止性规则时,同时也是表明,所有的犯罪都具

---

〔1〕　这种违反有两种基本形式,一是违反刑法规定的义务,二是因滥用权利转化为违反义务。

有义务违反性。这个论断是规范犯罪论区别于所有犯罪论的核心观点,整个规范犯罪论的理论逻辑都奠基于这一论断之上。

在规范犯罪论的理论体系中,违反刑法规则只是犯罪构成逻辑审查的第一个阶段。违反刑法规则的行为,还需要进一步在规范层面进行逻辑审查。用刑法规则与刑法规范两个概念处理犯罪构成的双层递进结构(即表里结构与前后结构),刑法规范大体上可以用"规则+权利义务+价值观"的公式表达。禁止性规则可表达义务的形式(命令、禁止、组合),所禁止的行为是违反义务是内容(并在形式上依据构成要件的指标体系标准化),决定义务的则是价值观。在刑法上(罪的环节),体现刑法规范含义的概念与逻辑范畴主要是法益与罪责。它以两种方式体现在犯罪构成的逻辑之中。一是在规则层面(文本表里结构上的深层结构),二是运用规则的司法审查环节(前后结构上的非类型化结构)。在规则层面,违反刑法义务是通过禁止性规则的外壳,将各种侵害法益并有罪责的行为以标准化、模式化的方式体现出来(即构成要件的指标体系)。因此,禁止性规则是侵害法益并有罪责的行为的模式化表现,它构成犯罪的抽象法律标准。在运用规则的司法环节(即非类型化审查环节),则直接依据法益与罪责的评价,决定行为是否构成犯罪。

容忍性规则与禁止性规则正相反,它容许这种行为。在与禁止性规则冲突时,改变禁止性规则的价值方向。严格的容忍性规则使行为的价值导向无罪,如我国刑法规定的正当防卫、紧急避险。广义的容忍性规则使行为的价值导向宽宥的法律评价与效果,如各种未必导向无罪但可减轻、宽宥刑事责任的各种事由。容忍性规则也可细分为相对禁止规则的许可规则、相对命令规则的豁免规则,以及相对禁止与命令结合形式的许可与豁免结合的规则。

容忍性规则在法律关系上体现的主要是广义的法律权利,包括属于社会(公民)的权利和属于国家的职权,以及介于两者之间所谓的社会权。一切传统刑法上规定的正当化事由,以及所谓超法规的正当化事由都属于广义权利上的范畴。一切传统刑法上规定的阻却责任事由或者宽宥责任的事由,其实是主观权利的一种变相表达。(如果把法益看作客观权利的标的的话,罪责就是主观权利的标的,不过是以价值相反的方式来表达)行为人因态度的不可非难性,或者情有可原,行为不构成犯罪或者作为可宽宥的理由减轻罪责,其实所处理的,是一种主观的规范性评价,涉及态度上的正当性、合理性、期待可能性关系。而这些品质,在精神领域可以归入广义的权利范畴。正如我们可以将侵害法益视为"行为不法"(或者行为反规范),将罪责视为"态度不法"(或者态度反规范)一样。它们分别从客观面和主观面划定犯罪的边界,一个反映了行为(经由对义务的违反)而反规范,另一个反映了态度(经由对义务的违反)而反规范。因而,决定了行为的犯罪性。而权利的介入会对冲或改变行为的法律性质,产生异质的或者变异的法律评价。

容忍性规则就是法律上对冲或改变违反禁止性规则行为法律属性的一类规则。这是法律调整权利义务法律关系在刑法上的必然反映。法律正是通过权利义务的制度安排,规范社会的行为，调整彼此关联的法律关系。时而规定权利，时而规定义务，时而将两者规定在一起，以此调整社会的行为。确保国家意志在法律上得以贯彻。容忍性规则，就是处理法律权利的一种制度形式。在禁止性规则的关系中，容忍的改变体现为许可规则，可以对冲禁止规则。在命令规则时，体现为豁免行为义务。例如，我国刑法上规定的持有型犯罪是典型的违反禁止规则与命令规则形成的组合性犯罪形态。在这种犯罪中，国家禁止私人持有这些物品，当已经持有时则命令上交国家。但如果公民在正当防卫中从抢匪那里夺取和持有这些物品（比如枪支），并在安全威胁解除之前控制这些物品，会因为正当防卫的权利介入成为许可与豁免的正当情形。或者说，在实施正当防卫期间，这种持有因容忍性规则的介入而并没有违反国家规定。但当这些情形消除后，命令性规则要求行为人必须将这些物品上交国家。可见，权利的介入，可以形成对冲义务的规则，使行为的法律评价发生变化。容忍性规则就是这类改变禁止性规则的反向价值规则，可以形成无罪或者罪责轻宥的法律评价。

基于规范犯罪论的理论体系，以价值导向为依据，或许可以从义务违反性、构成要件该当性、法益侵害性与罪责性四个入罪的逻辑要件中，观察广义的禁止性规则与价值反向的容忍性规则，并细分禁止性规则与容忍性规则的亚类型。

即总体上将导向"入罪"的规则，视为广义的禁止性规则，将价值导向"出罪"的规则视为广义的容忍性规则。然后，根据以上四个逻辑环节，分别探讨否定与肯定（包括容忍）的法律规则。这样，可以形成以下对称的亚类型：

①将规定义务的禁止规则，与行使权利的授权规则组成一组范畴。②将构成要件环节的指标体系视为（肯定犯罪的）达标规则，与指标欠缺（否定犯罪的）未达标规则，两者组成另一组范畴。③将侵害法益的规则视为（违法深层结构的）禁止规则，与不侵害法益或者许可这种侵害的规则视为许可规则。④将规定罪责的规则视为（刑事违法的）禁止规则，与没有罪责或者虽有罪责但可减免的规则视为阻却罪责，或者减轻罪责的可恕规则。这些亚类型图示如下：

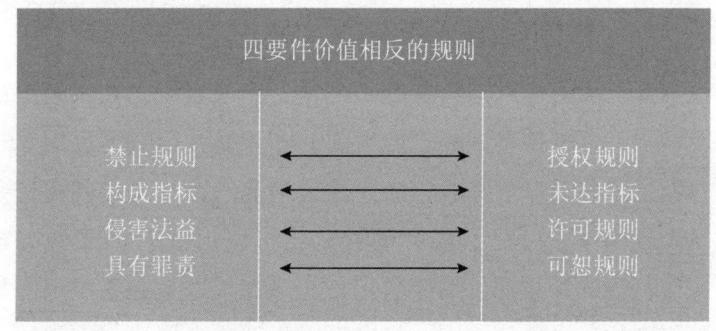

这样禁止性规则与容忍性规则在规范犯罪论的逻辑体系下都可以找到一个对应的范畴，它们之间的价值冲突或许可以作出更精确的分析与评价。

由于刑法文本在分配权利义务时已经处理了类型化的权利义务冲突。通过容忍性规则的制度安排解决了形式上不违反刑法义务和构成要件，实质上不具有法益侵害性和罪责性（如正当防卫、紧急避险、责任年龄、责任能力、意外事件、不可抗力等）的出罪制度。因此，在类型化的意义上，上述四种亚类型的入罪导向的禁止规范统一于构成要件。该当构成要件即意味着类型化地满足了规范犯罪论概括的入罪四要件。出罪导向的四种亚类型在类型化的意义上也可以统一于构成要件。或者说，构成要件因法价值的制度分配，在刑法规则上形成禁止性与容忍性的两类规则。这些规则在制度分配的意义上已经让罪与非罪分道扬镳。禁止性规则通过构成要件将行为塑造为犯罪，容忍性规则通过（另一种价值的）构成要件将行为塑造为无罪。因此，在类型化的意义上，构成要件成为判断罪与非罪的法律标准。在入罪的意义上，该当构成要件意味着符合法律规定的犯罪标准，否则，行为无罪。因此，构成要件是传达与塑造法价值的逻辑工具，是判断行为性质的模式化标准。我们可以基于法价值的分配从肯定与否定（容忍与禁止）两个方面分析行为的法律构成，为类型化地审查犯罪创造条件。

但类型化审查只是犯罪审查的第一个阶段，这个阶段结束后，涉案行为可能面临法规范的价值冲突（比如偶然防卫、假象防卫），此时，进入规范论主张的第二个审查阶段，即非类型化审查。这个阶段的特点是涉案行为已经该当构成要件，类型化地构成犯罪，但可能与整个法律体系的价值冲突，需要重新权衡涉案行为的法价值。只有消除了法价值的冲突，比如偶然防卫的积极效果仍然不能抵消违反刑法的行为对法益造成的损害，或者假象（防卫）这种"意外"是可避免的，只有在消除了这些冲突与疑问后，我们才能将违反刑法的行为最终认定为犯罪。

因此，类型化审查时基于刑法规则正反两方面的审查，在制度分配的意义上已经将罪与非罪区别开来，该当性审查本身涉及禁止与容忍两方面的构成要件。其冲突的价值分配可以直接对涉案行为是否构成犯罪作出类型化的判断。但在非类型化阶段，这种判断进一步演变成将这些规则融入更广阔的法律环境中接受基于"横平"的非类型化审查。在博弈的审查中，竞争中胜出的法价值，决定涉案行为的最终归宿（有罪或者无罪）。

这里，因为刑事违法的品质与结构，禁止性规则与容忍性规则可能因法益与罪责的违法结构不同而有所差别。

对此，笔者的看法是：作为一种违法的客观结构，法益是刑法保护而又被犯罪损害的法价值。法律如果允许一种损害法益的行为，并将这种行为非犯罪化（如正当防卫下杀死对方），只能是基于这种行为具有正面（肯定）的社会价值。在法律关系中，就是对这样的行为赋予权利，并因行使权利而合法化。因此，许可规则可以理解为权利的制度形式。在法律许可的规则下，某种侵害法益的行为（如让人丧失人身自由权的依法逮捕）因规则的许可正当化，行为不构成犯罪。而罪责作为一种违法的主观结构表明在实施侵害法益的行为时，行为人的态度是无价值的。由于它以"理性人"和"道德主体"为潜在的逻辑前提，因此，可以通过在构成要件上划定年龄、精神疾病、意外事件、不可抗力等指标将没有罪责的行为非犯罪化。在具备责任能力的情况下，通过其他的罪责要素（比如故意、过失、期待可能性等），对行为人在实施侵害法益时的行为进行态度上的评价。将一切有罪责的行为纳入犯罪范畴，对于虽然不能阻却罪责，但可以影响罪责轻重的态度要素作出加重或者减轻的法律评价。这样，便可以在主观结构上评价行为人的态度。可恕规则，就是导向无罪责，或者轻缓罪责的规则。这种规则如果不能直接地理解为精神（或道德）上的权利的话，至少可以理解为一种精神上的人道关怀。或者至少不能在态度上进行否定性的价值评价。法律史上古已有之的格言——法律不应该强人所难，很好地传达了这种气质的神韵。因此，罪责不应该是一种不近人情的主观结构。虽然在态度的评价上这种侵害法益的态度是不可接受的（即具有非难可能性），但只要法律追求正义，解释罪责这种主观结构就应该体现出一种对人性的理解、让步与体贴。可恕规则正是这种价值观在态度评价上的反映。

总之，禁止性规则与容忍性规则是刑法上权利义务关系最直接和最典型的表现形式。两者直接关系到罪的有无和罪的轻重，在分配正义（立法、文本）和纠正正义（司法、运用文本），以及刑法的解释与运用的各个环节都具有重大的理论与实务价值，是刑法学研究领域的重中之重。

价值导向的刑法规则体系图示如下：

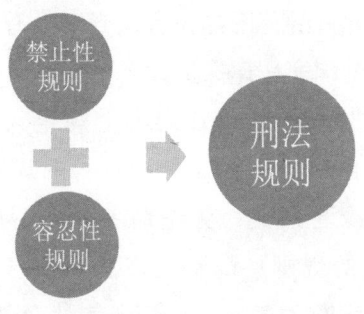

第六节　功能导向的体系

刑法规则可以按照规则的内容和功能不同，分为授权性规则、义务性规则和权义复合性规则。

所谓授权性规则，是指规定人们有权做一定行为或不做一定行为的规则。前述许可性的容忍性规则是典型的授权性规则。做或者不做取决于当事人的自由选择。这种选择，国家负有尊重、保护和创造条件实现的法律义务。不能因为当事人作出了这种选择而追究当事人的法律责任（比如正当防卫、紧急避险）。授权性规则的品质是自由。在刑法规则中，除了罪的方面外，在刑的方面以及两者关系的方面，甚至程序上也会出现一些授权性的规定，允许法律关系的有关当事人和法律适用者，在法律规定的范围内自由选择（比如辩诉交易、适用刑罚时的"可为模式"，自诉案件诉讼的提起与撤销等）。这类规则以赋权的方式，让法律关系的参与者自由选择，以此调整该法律关系。在规则允许的范围内，有关当事人有选择的自由，其选择是合法的，受国家法律保护。

所谓义务性规则，是指在内容上规定人们的法律义务，即有关人们应当作出或不作出某种行为的规则，前述禁止性规则就是典型的义务规则。无论命令规则还是禁止规则，或者两者组合形成的规则，都不允许法律信息的接收者违反。违反者的行为会判断为违法，它是强制社会遵守的行为模式。刑法规则在"入罪"的方面全部是义务性规则。犯罪，毫无例外地是对遵守刑法义务的违反。从这个意义上讲，"无义务就无犯罪"[1]。这是所有犯罪构成理论建构的基本前提，是规范犯罪论反复强调的核心观点。

所谓权义复合性规则，是指兼具授予权利、设定义务两种性质的法律规则。在一个主题下，既是权利又是义务本身是矛盾的。但它是解决这类矛盾，调整社会关系在某些情形下的必然反映。特别是涉及公权力的领域，权力和义务往往是交织在一起的。这种规则的特点是：一方面被指示的对象有权按照法律规则的规定作出一定的行为，另一方面作出这些行为又是他们不可推卸的义务。所以，法律授予权力的规则通常都是权义复合规则。因为权力本身是一种（政治）作为的能力，同时不按法律规定作为又是违法的。比如，依据法律规定，公安机关负有维持社会公共秩序、维护公民生命财产安全的职责。这种职责既是公安机关所享有的一种权力，同时也是一种必须履行的义务。如果公安机关拒绝履行这种义务，将承担相应的法律责任。在调整某些社会关系的特定法律领域，也会因关系的特殊性形成权义复合性规则。比如《中华人民共和国宪法》（以下简称《宪法》）规定公民有劳动的权利和义务；《中华人民共和国婚姻法》（以下简称《婚姻法》）规定父母有管教未成年子女的权利和义务等。在刑法规则中，凡是涉及公权力的规则（比如执行命令、逮捕、监禁、执行刑罚等）大多属于权义复合性规则。而涉及公民犯罪与刑事责任的规则，也可能因为身份关系，形成权义复合规则。这在特定人身关系特别是纵向身份关系中体现得比较充分，如夫妻之间、父母子女之间的关

---

[1] 这是笔者首倡的规范犯罪论概括。

系。在其他基于社会分工的领域，也会形成比较特定的社会/人身关系，比如员工与单位的关系。这些关系都不能完全适用平等主体之间的法律逻辑，而是存在或多或少的支配、组织管理、教养以及基于特定的社会或人身的支配/服从关系。这些关系使权利义务紧密地联系在一起，几乎不可分割。调整这样的关系的规则，就是权义复合规则。

授权性、义务性与权义复合性规则，是法律规则基于权利义务关系的功能进行的一种分类。这种分类在刑法中，可以从入罪与出罪，以及两者的规则形式——禁止性规则与容忍性规则上进行观察。

在"入罪"的方面，刑法规则全部是义务性规则和禁止性规则。在"出罪"的方面，则是授权性规则和容忍性规则。两方面的规则形成了调整刑事法上的权利义务关系的规则形式。在宏观面上调整罪、责、刑相互之间的法律关系。比如，张三杀死了李四，但是在正当防卫的情况下实施的。这时，杀死李四的行为违反了我国《刑法》第232条规定的义务性规则和禁止性规则。但又符合我国《刑法》第20条的规定，属于正当防卫，张三的行为无罪。设若张三的行为明显超过必要限度造成重大损害的，按同条第2款的规定，构成防卫过当[1]，应当负刑事责任，但是应当减轻或者免除处罚。这样，经过两方面规则的折冲评价，我们就可以对张三作出准确的法律判断。在这里，刑法上的权利义务关系是以模式化（制度）的方式规定的。权利与义务在这里，有着清晰的界限。

---

〔1〕 这是权利滥用转化为义务的一种典型形式。或者说，是义务违反性的另一种形式。

但在刑法规定的具体犯罪中，有相当数量的规则从规则的内部属性看，既不能解释为一种纯粹的义务规则（当然以违反义务为前提），也不能解释为一种纯粹的权利规则（滥用权利的前提），而是一种权义务复合规则。比如，我国《刑法》第397条规定的【滥用职权罪和玩忽职守罪】，该条规定"国家机关工作人员滥用职权或者玩忽职守，致使公共财产、国家和人民利益遭受重大损失的"，构成滥用职权罪或者玩忽职守罪。这里，国家机关工作人员的行为，既可能是违反职责义务的不作为，也可能是滥用职权的胡作非为，在规则上常常表现为一种组合性特征。从广义禁止规则的内部看，行为人可能既违反禁止规则又违反命令规则，这些规则的背后常常是一种权义复合规则[1]。

这种分类与观察，虽然是法律规则（包括刑法规则）的实相，但是否与规范犯罪论的理论逻辑冲突？因为，在规范犯罪论的理论体系中，义务违反性是一切犯罪构成的第一个逻辑条件，犯罪无例外地从违反刑法义务开始。为此，有必要说明如下：

首先，义务违反性是对犯罪构成而言的整体逻辑概括。它意味着所有犯罪都是违反刑法义务的行为，这是一种犯罪构成逻辑条件上的归纳。义务违反性是对犯罪行为的规范描述，这种描述对所有的犯罪都适用。从规则的法律属性上讲，这些规则全都属于规定刑法义务的广义的禁止性规则，这是刑法规则

---

[1] 关于权义复合性规则与组合规则间的关系，需要专门加以研究。在这里需要指出的是，组合规则也是刑法义务的分配形式，而权义复合性规则则广泛地存在于各种类型的法律之中，是处理权利义务关系的一种规则形式。

的一级结构。而授权性、义务性和权义复合性规则的分类则是一种刑法规则内部的,基于法律关系的复杂性而在刑法规则内部(微观)上依据构成这条规则的内部关系,进行的功能性分类,用于观察与分析规则内部的功能性差别。相对一级结构这是二级结构,两者的层次不同。其次,滥用权利,或者不称职地履行义务,这些行为在法律关系中都会转化为异质的行为。比如前例张三实施了防卫过当的行为,在实践结构上就是滥用权利的表现,因滥用权利(正当防卫)产生义务(避免过当),从而违反了禁止性(义务)规则(杀人)。换言之,违反刑法义务是制度对行为模式的一种分配(一级结构),其二级结构或者说规则的内部可能是多种多样的,单纯地违反义务、滥用权利以及复合两者的行为都可以是制度模式上违反义务的行为。最后,授权性、义务性和权义复合性的分类,可以帮助我们识别和分析刑法规则内部的权利义务成分,帮助我们看清楚规则内部的结构关系,从而对精准地判断行为提供帮助[1]。同时,也让我们看到刑法是调整社会刑事法域权利义务关系的宏观面相。因此,无论在微观还是宏观的意义上,这种分类都可以让我们从一个独特的角度思考刑法问题。易言之,从宏观角度,权利与义务规则是刑法上禁止性规则与容忍性规则的法权基础。这种规则对于我们理解罪与非罪有着重大的理论和实务价值。微观角度,一个违反刑法义务的行为,完全可以从授权性、义务性和权义复合性规则的角度进行更精准的观察与分析,比如将虐待罪放在权义复合规则

---

[1] 当刑法规则出现固有规则与传来规则的二次法现象时,这种深入到规则内部的观察具有非常重大的学术价值,需要更深入地研究。

上来分析，既可以让我们看到一级结构上的广义禁止性规则，又可以观察到二级结构上的滥用权利（比如教育权、责打权）和禁止虐待（义务）的组合成分，从而更有利于把握这类犯罪的特征。

这样，通过授权性、义务性和权义复合性规则的分类，我们便有条件对刑法规则进行更精确地分析，深刻地理解义务违反性这一逻辑条件的丰富性，并从中观察出违反刑法义务在规则上的多种表现，从而帮助我们分析案件，得出是否违反刑法义务的结论，为准确地理解和适用刑法服务。

功能导向的刑法规则体系图示如下：

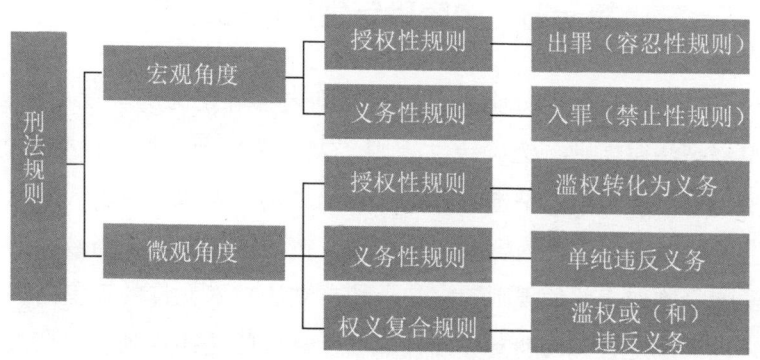

从入罪刑法规则的结构上，一级结构与二级结构的关系图示如下：

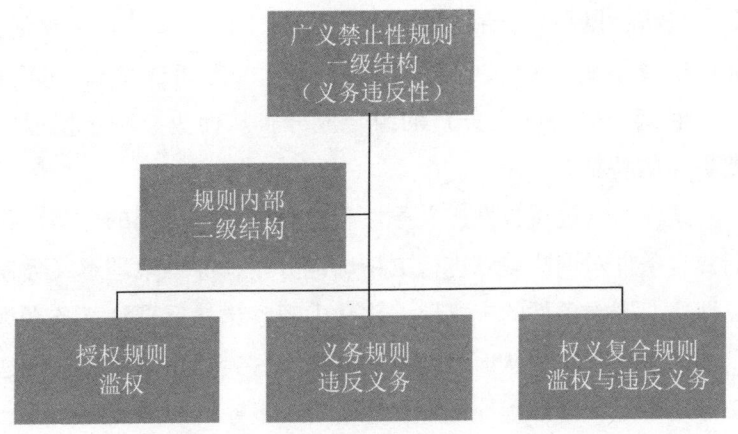

第七节　内容确定性导向的体系

在法律规则的分类中，按照规则内容确定性的程度不同，可以把法律规则分为确定性规则、委任性规则和准用性规则。所谓确定性规则，是指内容本已明确规定，无须再援引或参照其他规则来确定其内容的法律规则。在法律条文中相当数量的法律规则属于此种规则，它是一种在立法技术允许的范围内确定性地规定有关权利义务或者辅助性制度的法律规则。在刑法中相当数量的罪刑规则属于确定性规则，这类规则的特点是法律的逻辑结构完整，权利义务清晰，可以依靠规则本身确定罪与刑的法律关系。在制度规则中，大量的规则也属于这类规则，前者如我国《刑法》第232条关于杀人罪的规则、后者如第20条关于正当防卫的规则。

所谓委任性规则，是指内容尚未确定，而只规定某种概括性指示，由相应的国家机关通过相应的途径或程序加以确定的法律规则。例如，我国《刑法》第90条规定："民族自治地方不能全部适用本法规定的，可以由自治区或者省的人民代表大会根据当地民族的政治、经济、文化的特点和本法规定的基本原则，制定变通或者补充的规定，报请全国人民代表大会常务委员会批准施行。"此规定即属委任性规则。根据这条规则，民族自治地方可以制定变通或者补充规定调整罪刑法律关系，并在这种规定产生后形成罪刑关系的制度化模式。由于罪刑法定主义的缘故，在刑事法域，委任性规则受到严格的限制。除了上述规定外，我国刑法规则中没有其他委任性规则。

所谓准用性规则，是指规则内容本身没有规定人们具体的行为模式，而是可以援引或参照其他相应法律或法条内容规定的规则。这类规则的特点是，虽然法条没有直接规定的内容，但是明确指出在这个主题上可以适用其他法律条文或法律文件中某一规定。在解决某些复杂的法律关系时，法条有时无法叙明具体而确定的内容，但可以指示解决问题的路径与目标，把这些目标纳入后可以形成确定的权利义务。准用性规则与本规则的结合，可以形成确定性的内容。刑法中大量存在的法定犯很多属于这种类型，例如我国《刑法》第186条【违法发放贷款罪】，该条规定："银行或者其他金融机构的工作人员违反<u>国家规定发放贷款</u>，数额巨大或者造成重大损失的，处……"其下划线部分指示了判定行为性质的"国家规定"。依据我国《刑法》第96条的解释："本法所称违反国家规定，是指违反全国人民代表大会及其常务委员会制定的法律和决定，国务院制定的行政法规、规定的行政措施、发布的决定和命令。"据此我们就有条件对国家规定的范围和指向，结合本条所指的违法发放贷款的行为进行内容确定。通过准用性规则的介入,对行为人是否实施了违法发放贷款罪作出判断。

在刑法中,准用性规则以"空白罪状,或白地刑法"的形式广泛地存在,涉及刑法的"二次法现象",是刑法研究中最富挑战的领域[1]。

内容确定性导向的刑法规则图示如下:

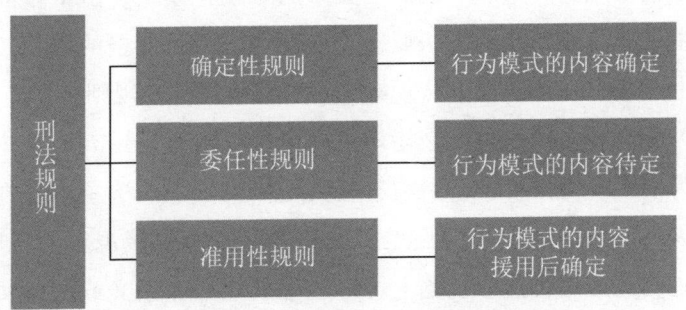

以上刑法规则体系的研究只是一种大概的梳理,还有一些很有价值的分类,我们将在相关的主题下继续讨论。

或许,从体系的意义上,将上述刑法规则视为一种可能导向体系思考的分类更合适一些。毕竟,在笔者看来,刑法规则的体系研究是建构犯罪论体系的基础,而任何体系——根据康德对体系的定义——指所有的思想素材在一个目标下统一。从这个意义上说,揭示犯罪构成的真理才是建构刑法规则体系的真正目标。规范犯罪论用刑法规则与刑法规范两个术语概括了犯罪构成的两个逻辑阶段,分别处理一纵一横(即表里结构与

---

[1] 陈孝平:《规范犯罪论》,法律出版社2019年版,第32~33页、第65~73页。

前后结构）的犯罪构成规律。在这个双层递进结构中，刑法规则是"文本"析出的制度模式，在实证法律的意义上就是犯罪的法律标准。由于罪刑规则中的基本规则是该种行为模式的典型形式，具有完整的法律逻辑要素；且由于其他所有的刑法规则或多或少、或直接或间接地服务于这种规则，因而具有基础性和目的性的价值。因此，比较适宜作为统摄其他刑法规则的标的，成为犯罪论观念上的"理想类型"。以此为基础和目标，可以将各种类型的刑法规则整合成一个理论上的刑法规则体系。

第四章

刑法规则的性质

刑法规则的种类繁多,层次、功能、作用、地位各不相同。但如何在部门法的意义上理解刑法规则的性质,对于深入地研究刑法意义重大。本章将刑法视为一个整体,对刑法规则的性质作出整体的评价,在这个基础上揭示反映这种性质的典型规则。

第一节 强行法主导的规则体系

从古罗马法开始,就有了将法律区分为公法与私法的法律传统。与这种传统相适应,形成了强行法与任意法的区分。这些传统与区分至今影响着几乎所有欧陆传统的法律体系。在当代,因为国际法的成熟,上述区分与概念又有了一些新的内容。当我们使用强行法(或者任意法)概念时,通常涉及两种语境,一种是国内法意义上的,另一种是国际法意义上的。国际法意义上的强行法,是指一种具有文明社会不容置疑的绝对价值，因而强制整个国际社会必须遵守的国际规则。大体涉及两个方面：一是涉及人权法和人道法中的一些核心条约、条款；二是涉及国家主权以及相关的一些规则与原则。本书使用的强行法（或任意法）是在国内法的意义上使用的，是一种区分法律（规则）性质的概念。这个概念广泛地运用于不同的法律部门，并形成某些约定俗成的含义。一般而言，国内法中的强行法是指强制法律信息的接收者绝对遵守与服从的规则。它在法律关系的当事人之间强制地建立权利义务关系，强制地安排行为模式，不允许当事人意思自治。与此相对，任意法则是那些服从于缔约方意志的规则，允许当事人意思自治，自由地缔结、变更和解除彼此之间的权利义务的法律。从两者的关系看，（在法律层级相同的情况下）强行法的规则效力高于任意法。当任意法与强行法冲突时，强行法优于任意法。在一部法律中，往往会出现这两种不同性质的规则，比如我国《婚姻法》规定结婚自由，但又规定了结婚的实质条件与程序条件。满足这些条件的公民可以自由地选择结婚或者不结婚，但不具有结婚的实质条件和不履行结婚的程序，会导致在法律评价上婚姻的无效、非法，甚至犯罪（比如重婚）的法律评价。

当我们把刑法作为一个部门法观察时，如何整体地把握刑法规则的性质？如何澄清刑法规则的特殊性？如何处理强行规则与任意规则的关系？凡此种种，都是具有重大的理论与实务价值的。

在公法与私法的分类中，刑法属于公法。公法的特点是以国家（机关自身）或者以国家为一方，社会为另一方，以公权力的运行为背景，规定和处理有关法律权利和义务的法律。在与社会的关系中，公法在结构上是一种垂直关系，社会有义务服从。因此，公法整体上属于强行法的范畴。刑事法调整的法律关系主要涉及三个参与者：一是国家，二是犯罪者，三是受害者。国家是刑罚权的垄断者，代表社会创制、适用和执行刑法；罪犯是破坏刑法的人，应受到刑罚制裁；受害者是被犯罪损害而需要得到国家救济的人。国家通过实体上的刑法和程序上以刑事诉讼法为代表的其他法律调整和处理这种关系。

从宏观的层面看，这种关系，从国家角度观察是一种国家权力的行使。而行使公权的法律规则基本上属于权义复合性规则，它既是一种国家职权，也是一种国家义务。从权力的角度看，它是一种凌驾于权利之上的统治权。从义务的角度看，国家只能履行，不能放弃，因而具有强制性。从社会的角度看，罪犯与受害者是刑事法律关系的当事人。它们之所以成为当事人，并非基于各人的意思自治在行使权利的过程中产生了刑事法律关系，而是因为罪行将两者联系起来形成刑事法律关系。这种关系产生后，国家必须履行职责，受害者有权要求国家履行职责，有权要求罪犯承担刑事和民事的责任，罪犯有义务接受法律制裁。这些关系不因当事人的意志发生改变，具有强行法的性质。在任意法的规则下，双方的合意可以产生合法的法律关系，这种关系受国家法律保护。但在刑事法律关系中，罪犯与受害者之间法律不允许产生违反刑法的合意，即使产生了这样的合意，也会因强行规则的强制而丧失有效性（比如社会上各种各样的"私了"现象）[1]，甚至有可能变成共同犯罪

---

〔1〕 从恢复性司法和辩诉交易等当代刑事法的发展趋势看，受害人在案件处理阶段，可以与罪犯达成某种协议。只要在法律允许的范围内，都是可以的。但这种关系首先基于刑事法上的罪行，是一种依赖强行规则的任意规则。

第四章 刑法规则的性质

的罪行（比如以制造事故的方式实施保险诈骗）。其原因在于，刑法的公法性质决定了规则内在的强行性。在规定和处理刑事上的权利和义务时，强行法的逻辑是主导性的。一切违背强行法的意思自治都不会产生行为人期待的法律效果。

微观地看，刑法体系中充斥着各种各样的规则，它们层次不同、功能有异、性质有别，但如果我们将这些规则放在刑法的终极问题——罪与刑上思考时，刑法规则内部的这些差别可以淡化、甚至忽略。可以将目光集中在具有完整的法律逻辑结构，体现完整的罪刑关系的罪刑规则上。因为，所有的刑法规则，都是为罪刑规则服务的。它们从不同的层次（概念、制度）、不同的范围（行为规则/制裁规则）、不同的功用（目的性/手段性、基础性/结构性、构成性/调整性、禁止性/容忍性、授权性/义务性/权义复合性、确定性/委任性/准用性等）共同或分别服务于罪刑规则，并在罪刑规则的实践中体现和实现自身的价值。因此，罪刑规则是我们观察和解剖刑法规则性质最理想的范本，可以实质性地回答刑法规则的品质。

如前所述，罪刑规则是刑法分则中具体规定犯罪与刑罚的刑法规则。在罪的方面，构成调整社会的行为模式。在刑的方面，构成制裁模式。从模式化的角度讲，这些规则都是国家的制度安排，具有强制性。其中的行为规则部分更典型地体现了强行法的性质[1]，因为这类规则全部属于广义的禁止性规则，所规定的全部是行为人的义务。社会在这些义务面前只有遵守、服从的义务，没有拒绝的权利。也就是说，所有导向"入

---

[1] 制裁规则当然也是一种强行规则，或者说是以强行规则为基础的权义复合规则。在法定刑的幅度内法官可以根据案件的具体情况行使自由裁量权。

罪"的规则百分之百地属于强行规则。这种法律规则的性质，产生了规范犯罪论非常重要的理论论断，即无义务则无犯罪。强行规则是刑法义务在制度上的分配形式。在规则形式上，它们体现为禁止规则、命令规则和两者结合的组合规则。

第二节 禁止规则

一般而言，禁止规则是指要求当事人不得为一定行为之法律规定，属于禁止当事人采用特定行为模式的强行法规则。完整的禁止规则通常包含"行为模式"和"效力规则"。在民法上，有"强行法优于任意法"的格言。对禁止规则的判断一般遵循如下原则：一是如果既禁止特定的行为，又禁止特定的行为后果，这时行为应该绝对无效；二是如果法律仅仅是对特定的行为模式或者实现特定行为模式的方式加以禁止，但没有规定相应的法律后果，这时就不能简单地判决行为绝对无效，而是需要结合禁止性规则禁止的行为主体、客体与内容进行综合考虑，然后对该法律行为的效力作出评判。在刑法上，禁止规则主要体现在罪刑规则之中，是罪刑规则中占比最高的规则。同样，其完整的逻辑结构包含相对"罪"的行为模式和相对"刑"的制裁模式。但与民事法律不同的是，它们所解决的不是行为法律效力的问题而是解决罪刑关系问题。在解决这些问题时，是按刑法的逻辑进行的。这种逻辑，一方面，因禁止性规则与容忍性规则的冲突，强行法未必优于任意法。当社会的法律系统在价值选择上倾向于权利本位的时期，特别是涉及诸如宪法权利这样的一些基本权利时，这条格言并不适用。另一方面，在解决其他强行规则与任意规则时，仍然适用这一格言的逻辑，优先适用强行法。

从罪刑规则的结构上看，由于制裁模式（行为模式也一样）对刑法调整的社会关系上体现两方面的机能，（即传统刑法理论所指的行为规范与裁判规范的双重机能，既针对社会又针对法律适用者，体现双向约束的机能特征），因而在行为规范的意义上，可以将法律后果的这一部分包含在行为模式广义的范畴内观察，成为刑法调整社会的行为模式的完整"清单"。因此，我们可以从行为模式的角度，观察禁止规则，并以此分析和归纳禁止规则的特点。

为此，有必要观察罪刑规则的组成。从我国刑法立法的情况看，我国刑法分则的法条，在处理罪刑关系上有各种不同的做法。逻辑结构上一般是条、款、项的结构，条的部分是总纲，统辖以下款、项内容。相对这两者，条是属结构，款、项是种结构，是条的下位概念。每一个法条至少有一款，有些法条就是如此。这类法条往往是规定行为的基本模式和派生模式，如我国《刑法》第123条【暴力危及飞行安全罪】规定："对飞行中的航空器上的人员使用暴力，危及飞行安全，尚未造成严重后果的，处5年以下有期徒刑或者拘役；造成严重后果的，处5年以上有期徒刑。"下划线部分属于基本规则，中划线部分属于派生规则。类似这样的法条没有其他款和项的规定，也不存在其他类型的刑法规则。另外，相当数量的法条，除第1款之外还有其他"款"规定，如我国《刑法》第128条规定的【非法持有、私藏枪支、弹药罪；非法出租、出借枪支罪】："违反枪支管理规定，非法持有、私藏枪支、弹药的，处

3年以下有期徒刑、拘役或者管制；情节严重的，处3年以上7年以下有期徒刑。

依法配备公务用枪的人员，非法出租、出借枪支的，依照前款的规定处罚。

依法配置枪支的人员，非法出租、出借枪支，造成严重后果的，依照第1款的规定处罚。

单位犯第2款、第3款罪的，对单位判处罚金，并对其直接负责的主管人员和其他直接责任人员，依照第一款的规定处罚。"这类法条第2、3、4款与第1款的规定处于同一法条之中，它们之间往往具有逻辑、经验或性质、技术上的关联。这类条、款结合的法条，有的或者是第1款规定的基本行为模式在构成要素的一些调整（如上例），有的或者是一种解释性、说明性的技术规则，如我国《刑法》第141条第2款下划线部分【生产、销售假药罪】："本条所称假药，是指依照《中华人民共和国药品管理法》的规定属于假药和按假药处理的药品、非药品。"有的或者是处理更复杂的转化问题，如我国《刑法》第333条第2款下划线部分【非法组织卖血罪；强迫卖血罪】："有前款行为，对他人造成伤害的，依照本法第234条的规定定罪处罚。"总之，这些条款涉及与第1款关系密切的规范性或者技术性问题，有着各自独特的模式化意义，但它们都是依赖基本规则的附生性规则，不具有完整的、基本的行为模式的典型性。在微观层面，这些附生性规则可以理解为结构性规则，需要通过基础性规则（即基本规则）发挥作用。

除了上述两种条、款结构外，相当数量的一些法条还有项的规定。相对款的规定，项的规定属于种概念，受款和条的上位概念制约，并根据条款主题发挥规则作用，如我国《刑法》第263条规定的【抢劫罪】："以暴力、胁迫或者其他方法抢劫公私财物的，处3年以上10年以下有期徒刑，并处罚金；有下列情形之一的，处10年以上有期徒刑、无期徒刑或者死刑，并处罚金或者没收财产：

（一）入户抢劫的；

（二）在公共交通工具上抢劫的；

（三）抢劫银行或者其他金融机构的；

（四）多次抢劫或者抢劫数额巨大的；

（五）抢劫致人重伤、死亡的；

（六）冒充军警人员抢劫的；

（七）持枪抢劫的；

（八）抢劫军用物资或者抢险、救灾、救济物资的。"上述八项规定形成抢劫罪的八种派生模式。

我国刑法分则条文除了条、款、项的逻辑结构外，还有各本条之下的条文。用某某条下"之一……"结构表达。各本条与"之一"之间也存在属种关系或者至少关联关系，它们之间往往具有逻辑、经验、性质或技术上的关联，例如我国《刑法》第120条规定的【组织、领导、参加恐怖组织罪】，在本条之下从之一到之六，形成6个相对独立的法条，规定了6个罪名。每个法条也可能形成自身的条款项的逻辑结构，如该条之二规定的【准备实施恐怖活动罪】："有下列情形之一的，处5年以下有期徒刑、拘役、管制或者剥夺政治权利，并处罚金；情节严重的，处5年以上有期徒刑，并处罚金或者没收财产：

（一）为实施恐怖活动准备凶器、危险物品或者其他工具的；

（二）组织恐怖活动培训或者积极参加恐怖活动培训的；

（三）为实施恐怖活动与境外恐怖活动组织或者人员联络的；

（四）为实施恐怖活动进行策划或者其他准备的。

有前款行为，同时构成其他犯罪的，依照处罚较重的规定定罪处罚。"

这个法条中，逻辑结构上的条款项一一具备。其规则的性质、地位与功能也需要分别的确定，并与《刑法》第120条联系起来理解。

此外，还有一些比较特殊的处理方法，用一个单独的法条，解决其他法条原本可以和应该规定的内容，但因立法技术和行为类性质的原因，集合成一个法条。比如，我国《刑法》第119条【破坏交通工具罪、破坏交通设施罪、破坏电力设备罪、破坏易燃易爆设备罪】规定："破坏交通工具、交通设施、电力设备、燃气设备、易燃易爆设备，造成严重后果的，处10年以上有期徒刑、无期徒刑或者死刑。过失犯前款罪的，处3年以上7年以下有期徒刑；情节较轻的，处3年以下有期徒刑或者拘役。"[1]。通过这样的法条，将上述五种犯罪的加重情形和过失犯罪一并解决。另一些法条，本身并没有规定具体犯罪的行为模式，但仍然因为技术上或者类性质上的某些因素成

---

[1] 我国《刑法》第269条也是适例，该条规定："犯盗窃、诈骗、抢夺罪，为窝藏赃物、抗拒抓捕或者毁灭罪证而当场使用暴力或者以暴力相威胁的，依照本法第263条的规定定罪处罚。"

为一条分则条款。如我国《刑法》第149条和第150条[1]。

总之，通过观察与分析我国刑法分则的各条，我们发现并非所有的分则条文都是关于具体犯罪的行为模式和制裁模式。有些条文并不直接规定具体犯罪的罪刑模式，而是从逻辑上和技术上处理涉及有关个罪规则的其他问题。在规定具体犯罪的罪刑模式中，不同规则的地位、性质、功能和作用并不相同。通常处于各本条第1款前部（如果有派生规则的话）的基本规则，是该罪名下典型的行为模式，是我们分析行为模式的典型样本。基本规则是决定罪名、决定行为性质、具有完整的行为模式的规则。禁止规则是主要的规定方式。

禁止规则的结构与特点分析如下：

禁止规则的结构——从形式上观察也是一体两面的，即分配刑法义务与确定构成指标。从刑法义务（规则形式）的角度观察，这种规则确定的是禁止义务，从行为上观察是要求公民不作为，即不得从事规则禁止的行为。这种行为模式赋予公民的是一种消极义务，只要不去实施这种行为，公民就已经遵守了法律的规定，并受法律保护。相反，如果公民挑战规则，实施了规则禁止的行为，便直接违反了法律的规定，其行为便触犯了刑法。杀人、放火、抢劫、强奸等罪行都是如此。从行为

---

[1] 我国《刑法》第149条【对生产、销售伪劣商品行为的法条适用原则】生产、销售本节第141条至第148条所列产品，不构成各该条规定的犯罪，但是销售金额在5万元以上的，依照本节第140条的规定定罪处罚。生产、销售本节第141条至第148条所列产品，构成各该条规定的犯罪，同时又构成本节第140条规定之罪的，依照处罚较重的规定定罪处罚。第150条【单位犯本节规定之罪的处罚规定】单位犯本节第140条至第148条规定之罪的，对单位判处罚金，并对其直接负责的主管人员和其他直接责任人员，依照各该条的规定处罚。

模式看，基于对刑法义务的违反，我们可以把这种违反禁止规则的犯罪称为违禁犯，基于构成要件的行为模式，则称为作为犯。这种规则的特点是：规则要求禁止、要求不作为，而违反规则是违反禁止，是作为。两者的规范结构与实践结构正好相反。

第三节 命令规则

命令规则是基本规则中禁止性规则的另一种表现形式。不过，它与禁止规则风格相反。如我国《刑法》第313条规定："对人民法院的判决、裁定有能力执行而拒不执行，情节严重的……"构成拒不执行法院判决、裁定罪。与禁止规则比较，它们都是严格意义上的强行法，要求社会必须遵守。但行为模式的风格正好相反。禁止规则的行为模式从义务（规则形式）观察是违反禁止要求，从行为角度观察是要求不作为，它赋予公民"消极义务"。而命令规则的行为模式则是违反命令和当作为而不作为，如该条的规定那样——命令行为人履行判决、裁定。要求公民按命令作为，赋予公民的是"积极义务"。如果公民不履行这一积极义务（不作为）就直接违反了法律的规定与要求。同样，其行为模式基于刑法义务的一面，可以称为违令犯，基于构成要件则称为不作为犯。这种规则的行为模式与行为的实践结构上也是相反的。规则要求遵守命令、要求作为，行为人却不遵守命令、不作为。两类规则的差别如图所示：

项目	禁止规则	命令规则
规则	禁止（违禁犯）	命令（违令犯）
行为模式	不作为	作为
义务	消极义务	积极义务
实践结构	作为	不作为

这两类规则组成了罪刑规则最基本的内容，是研究犯罪构成的基本面。"无行为则无犯罪"的格言，首先和基本在于理解行为人是否实施了违反这两种规则的行为。它实质性地决定了行为人是否涉嫌犯罪，至于罪的轻重、形态、变异、是否承担刑事责任等刑法问题，需要依赖这两类规则并在它们的基础上进行进一步的分析与评价。总之，其他刑法规则或多或少、或这样或那样地服务于这对规则，并最终依赖这对规则的逻辑发生作用。

第四节 组合规则

组合规则是指禁止规则与命令规则结合形成的基本规则。在刑法中，既有大量的禁止规则，也有部分命令规则，相当数量的刑法规则既非单纯的禁止，也非单纯的命令，而是两者结合的规则。这种规则相当特殊，一方面要求行为人作为，另一方面又要求行为人不作为。在形式逻辑上，制造了一个A与非A逻辑悖论，并在刑法理论中长期争论，至今未能妥善解决。比如，我国刑法规定的一些"持有型"犯罪。其行为模式上究竟是作为还是不作为一直争论不休，就是不了解组合规则造成的，也是传统刑法理论长期忽视刑法规则与刑法规范的研究造成的。其实，命令与禁止不过是刑法调整刑事上权利义务法律关系（分配义务一面）的一种表现形式，如果单纯的命令或者禁止能够调整这种关系，规则形式就是禁止规则或命令规则。如果单纯的命令、禁止不能满足调整关系的需要，组合地调整就是必然的，持有型犯罪正是这种复杂关系的表现。禁止与命令交替出现在这类犯罪之中，换言之，基本规则的行为模式一方面禁止人们持有违禁物品，另一方面，当持有这种物品时，命令行为人上交国家，如果行为人上交国家，则行为不构成犯罪。只有当违反这两种规则的要求时，行为才构成犯罪。这类规则的结构决定了行为的实践模式既是作为也是不作为，也只有这样的行为才能满足构成要件的要求。这种形式逻辑的矛盾恰恰是规范逻辑的本相，揭示这种本相是未来刑法学研究的重点方向之一。

在《规范犯罪论》一书中，笔者已经初步指出和分析了这种真相，但并不全面更不深入。以下的部分，可以看作是对该书的重述、补充和修正。

组合规则是行为模式的常态而非不可解释的怪物。随着社会分工的精细化，社会关系的复杂化，法律系统日益精细、复杂而又彼此关联，刑法的触角已经深深地进入社会生活的各个领域。法定犯日益扩张的趋势就是这种反映的体现。法律制度在调整社会的过程中，也需要适应这些变化。无论是权利方面或者义务方面的制度安排，都需要平衡地加以规制，在它们本身的结构中，也需要根据调整对象的差别分门别类地处理。从刑法的角度看，刑法规则在处理这些关系时，规定什么样的规则完全取决于调整对象的需要。前述禁止性规则与容忍性规则就是宏观上处理罪与刑的权利义务关系的制度形式。其所组合的是，罪与刑因权利义务冲突产生的平衡机制，在宏观上调整罪刑关系。其他的规则类型，是从目的、手段、地位、功用等方面，分别因应所调整的对象的特殊性形成的结构性差别。同样，它们也是为调整罪刑关系服务的，是这种关系在规则结构上的反映。因此，从最为广义的意义上说，刑法规则本身就是组合性规则，是由各种地位、性质、功能、作用各不相同而又彼此关联的规则组合而成的。但在本章的语境下，组合规则是特指与禁止规则、命令规则相对而言，同时又是由两者结合形成的规则，是罪刑规则规定的基本行为模式。这个模式的形成同样取决于调整对象本身的内在要求。禁止与命令，以及体现其行为方式的作为或者不作为，及其既作为又不作为都取决于规则本身。

从我国基本规则的行为模式看，组合的形态有以下典型的类型：

一是嵌入型的组合。这种规则的行为模式的特点是，禁止规则与命令规则你中有我，我中有你，如同化学上的化合反应，形成了一种不可分离的组合性。用公式可表示为：$A+B=C$。这决定了：（1）不能用单纯的作为或者不作为进行分析判断。大陆有关"持有型"犯罪的争论就是因为不了解这种逻辑发生的。（2）作为和不作为交织在行为模式这个统一体中，并且不可分离。行为人如何行动取决于规则的具体要求，无论是前述"持有型"犯罪、侵占罪，还是所谓"不真正不作为犯"都是如此。（3）违反规则意味着对两类规则的共同违反，即既违反禁止规则又违反命令规则。只有当行为共同违反两类规则时，才能判断行为违反了刑法规则。

二是选择或随机型组合。与嵌入式不同，这类组合规则可聚可散，如同化学上的分解反应。行为模式既可以是对两种规则的违反，也可以是对其中一种规则的违反。法条将这两种风格相反的规则规定在一起成为一条刑法规则，其行为模式的法条表述往往有"或""或者"字眼。如我国《刑法》第159条规定："公司发起人、股东违反公司法的规定未交付货币、实物或者未转移财产权，虚假出资，或者在公司成立后又抽逃其出资，数额巨大、后果严重或者有其他严重情节的……"其前半部是一条命令性规则，要求行为人履行积极义务，交付财产。后半部（后段或者以后的部分）是禁止性规则，要求行为人履行消极义务，禁止转移财产。这种规则就是一种选择或随机式的组合。作为与不作为可以分别构成同一性质的犯罪，也可以把既实施作为又不作为的两种行为概括地定罪。用公式可表示为：A&B＝C、A＋B＝C。这种组合的特点是（1）实施作为或者不作为任一行为都可以定罪，不影响犯罪构成；（2）作为与不作为也可合并地定罪，同样不影响犯罪构成。

三是混沌型的组合。这种组合与前两种组合都不相同。从规则上只能看出某种抽象的禁止性要求，但深入观察时，禁止规则与命令规则在行为模式中并不清晰，但常常又内在地存在于行为模式之中，呈现某种混沌的状态。如同化学上的化合反应与分解反应交替出现。在解剖这类行为模式时，禁止规则与命令规则时而分别，时而交织地发生作用。比如我国《刑法》第131条规定的【重大飞行事故罪】："航空人员违反规章制度，致使发生重大飞行事故，造成严重后果的，处3年以下有期徒刑或者拘役；造成飞机坠毁或者人员死亡的，处 3 年以上 7 年以下有期徒刑。"这里，违反规章制度的行为既可能是违反禁止规则，也可能是违反命令规则或者两类规则都违反。在行为模式上，既可表现为作为，也可能表现为不作为，还可能是作为与不作为的交织。类似这种组合的规定广泛地存在于渎职类和责任事故类犯罪的规定中，也较常见地出现在一些法定犯和具有特定身份关系的犯罪领域。这些规则大都涉及刑法与其他法律的关系（二次法），规则本身的内部结构往往具有权义复合规则的特点。即使从义务侧面看，也是禁止与命令的混沌交织。其组合的公式与选择型组合相似（A+B=C，A&B=C），行为人承担义务的行为模式因调整对象的复杂性、特殊性，这类混沌组合在法条上难以用"禁止或者命令"的形式呈现，而更多的是一种隐藏在某一罪名中看起来单纯的形式，比如走私罪，看起来是一个单纯违反禁止规则的犯罪，但走私行为可能是违反管制的命令规则——比如如实申报，也可能是违反管制的禁止规则——比如虚假申报。其行为模式的命令或禁止呈现某种依赖于原法（一次法）的混沌组合的特点。

组合规则图示如下：

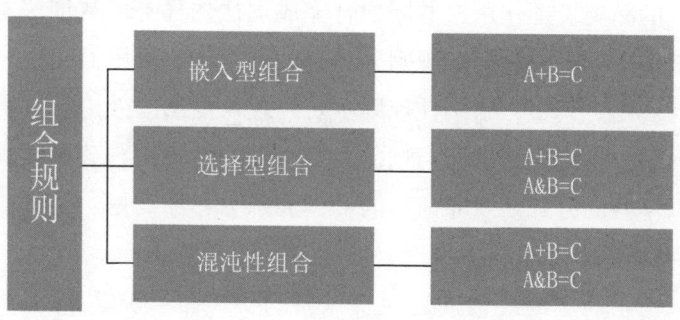

第五章

行为规则与制裁规则

调整对象与调整方法是划分法律部门的主要指标。刑法以犯罪为调整对象,以追究刑事责任为调整方法。体现在规则上,就是行为规则与制裁规则。本章将讨论这两类规则,观察它们在刑法上的表现。

第一节 刑法规则的完整逻辑结构

在刑法规则体系中,各种层次、地位、功用不同的规则按各自的品类发挥作用,共同配合完成刑法的任务。从刑法本身的结构上,可以将刑法规则分为总则性规则、分则性规则和附则性规则。其中,附则性规则主要处理与刑法的效力有关的技术问题,不直接涉及罪与刑的关系。总则性规则与分则性规则却以不同的方式涉及罪与刑的实体和部分程序问题,是刑法学研究的重点。

由于刑法的终极问题是对某种行为"罪与刑"的法律调

第五章 行为规则与制裁规则

整。国家通过刑法的制定、适用和执行调整这种行为，对守法者提供保护，对违法者实施制裁。因此，厘清"罪与刑"的调整模式就是刑法学研究的重中之重。调整模式是调整对象与调整方法的组合。一切与犯罪和刑事责任有关的法律规定都是调整模式的组成部分。但行为规则与制裁规则是调整模式的两个主要版块，是调整模式的核心领域。相对调整模式它们是下位概念，分别构成调整模式的子模式，但它们自身又构成相对其他规则的上位概念，并根据规则之间的关系发挥各自的作用。

如前所述，总则性规则大多属于概念、制度规则，在功用上，往往是手段性、构成性、结构性等具有辅助功能的一类规则。它们最终都需要结合罪刑规则发挥作用。从调整模式上讲，它们也是调整模式的重要组成部分，但并不具有法律完整的逻辑结构，而是为解决刑法中的相对共性或特殊性的全局或局部问题进行刑法规制。在法律逻辑结构上，有些处理罪的方面（如共同犯罪、预备、未遂、中止），有些处理刑的方面（如主刑、附加刑、减刑、缓刑等），在涉及罪与刑的处理时，往往也是规定一些原则、概要（如量刑原则，防卫过当、自首、累犯等），并不涉及具体的罪与刑的配置。总之，其法律的逻辑结构并不完整。虽然它们也是广义上行为模式与制裁模式的组成部分，但不宜作为分析行为模式与制裁模式的典型样本。

罪刑规则因为具备完整的法律逻辑结构，是解决刑法终极问题的最后归属。在这种刑法规则中，法律的完整逻辑结构、罪刑配置、罪与刑自身的逻辑要素都有明晰而具体的规定，因而适合作为分析行为模式与制裁模式的典型样本。

第二节　行为规则

罪刑规则中的行为模式是由行为规则调整的。在条、款、项的法条结构中，行为规则本身也是一个系统，由各种不同的规则组成。各规则之间会围绕基本规则产生各种逻辑关系，功用不同地发挥作用。以我国《刑法》第238条规定的【非法拘禁罪】为例，该条规定："非法拘禁他人或者以其他方法非法剥夺他人人身自由的，处3年以下有期徒刑、拘役、管制或者剥夺政治权利。具有殴打、侮辱情节的，从重处罚。

犯前款罪，致人重伤的，处3年以上10年以下有期徒刑；致人死亡的，处10年以上有期徒刑。使用暴力致人伤残、死亡的，依照本法第234条、第232条的规定定罪处罚。

为索取债务非法扣押、拘禁他人的，依照前两款的规定处罚。

国家机关工作人员利用职权犯前三款罪的，依照前三款的规定从重处罚。"这个法条涉及四个条款，没有项的规定，但从中，我们也可以观察出若干种不同地位与功用的规则。从行为规则的角度，第1款下划线部分是基本规则；中划线部分是派生规则。第2款的下划线部分仍然是派生规则；中划线部分是转化规则，可划入附生规则。第3款规则如何归类？在规范性规则与技术性规则的划分中，该规则应当属于规范性规则；在造法性规则与解释性规则的划分中，可能存有争议。但在与其他条款特别是基本规则的关系上看，这条规则属于附生规则，是与本条其他规则附生存在并与其他条款配合而起作用的

第五章 行为规则与制裁规则

规则。第 4 款也是典型的附生规则。由此可见，对行为规则要作进一步的观察与分析，合理地处理规则之间的逻辑关系。从我国刑法的规定上观察，行为规则可以作如下观察与分类：

一是基本规则。这是一个罪名下，逻辑上必须具有的规则。同时也是其他规则的基础性规则。通常，在刑法分则各条的第 1 款，或者第 1 款的前部属于这类规则。这类规则是行为模式的基本形态，具有完整的逻辑要素。从这些要素中可以完整地析出某种特定犯罪的典型行为模式。在行为模式的意义上是一种不可再化约的规则。逻辑上，它不需要依赖其他规则发挥作用，相反为其他规则发挥作用奠定基础。在传统刑法理论上，将这类规则规定的构成要件称为基本的构成要件。

二是派生规则。这是一种依赖基本规则发生作用的规则。一般出现在紧随基本规则之后（如前述非法拘禁罪第 1 款的中划线部分），或者另一款、项之中（如前述非法拘禁罪第 2 款下划线部分），有时也会用同一罪名的两个法条来处理[1]。它的特点是不能独立存在，但可以在基本规则的基础上，（主要）因为行为在"程度"上的不同而形成区别于基本规则的规则。这种规则因与行为的程度有关，往往与或轻或重的法定刑配置相关联，形成该罪名下或轻或重的构成模式。在传统理论上，

---

[1] 我国《刑法》第 114 条【放火罪、决水罪、爆炸罪、投放危险物质罪、以危险方法危害公共安全罪之一】放火、决水、爆炸以及投放毒害性、放射性、传染病病原体等物质或者以其他危险方法危害公共安全，尚未造成严重后果的，处 3 年以上 10 年以下有期徒刑。第 115 条【放火罪、决水罪、爆炸罪、投放危险物质罪、以危险方法危害公共安全罪之二】放火、决水、爆炸以及投放毒害性、放射性、传染病病原体等物质或者以其他危险方法致人重伤、死亡或者使公私财产遭受重大损失的，处 10 年以上有期徒刑、无期徒刑或者死刑。过失犯前款罪的，处 3 年以上 7 年以下有期徒刑；情节较轻的，处 3 年以下有期徒刑或者拘役。就是适例。

将这种规则形成的构成要件称为派生的构成要件。

三是附生规则。这种规则在依赖基本规则上与派生规则相同，但处理的问题不同。派生规则往往与行为的轻重程度有关，而这类规则主要处理的是一些与基本规则和派生规则相对异质的问题。如果把基本规则与派生规则看作是行为模式质与量的关系的话，那么，这类规则却往往因为一些要素的参与，形成规范上或者技术上的异于两者的一种新规则。如前述非法拘禁罪第2款中划线部分，涉及转化犯的规定，第3款、第4款的规定是处理一些特别要素参与后重新解释或调整罪与刑的关系，是一种变异或者关联的行为模式。这些规则，有时也会处理一些纯技术问题，如前述我国《刑法》第141条【生产、销售假药罪】第2款规定的"本条所称假药，是指依照《中华人民共和国药品管理法》的规定属于假药和按假药处理的药品、非药品。"

附生规则与派生规则的区分有时并不明显，特别是涉及行为模式的罪刑轻重时，有时难以准确区分，但一般情况下，派生规则往往是基于行为本身（轻重），附生规则则更多地是涉及行为本身之外的其他构成要素（比如特定身份、对象、场合等），或者行为本身的性质与特点（比如前述非法拘禁罪第2款的中划线部分、第3款规定的索债方式）。

四是关联规则。这是一种比较特殊的规则，其特殊性在于，法条之间存在罪名不同，但逻辑上关联的一种特殊关系。比如我国《刑法》第133条规定的交通肇事罪与第133条之一规定的危险驾驶罪。两者的行为模式不同，罪名也不一样，但两者之间存在逻辑关联，在危险驾驶罪的构成要素中，"违反交通运输管理法规"是与交通肇事罪共通的。以"肇事"为界限，之前的行为可以用危险驾驶罪定罪量刑，之后的行为，一般转化为交通肇事罪，更严重的行为依据危险驾驶罪第 3 款："有前两款行为，同时构成其他犯罪的，依照处罚较重的规定定罪处罚。"则可转化为更严重的犯罪。

总之，行为规则以基本规则为基础，在派生规则、附生规则、关联规则共同参与下完成了特定犯罪的行为模式，构成调整该犯罪行为的构成标准。

行为规则的结构图示如下：

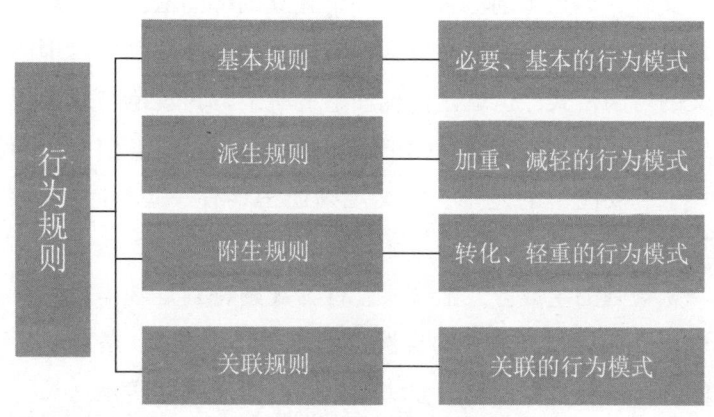

第三节 制裁规则

制裁规则也可在总则与分则两个部分进行观察与分析。总则部分规定了适用刑罚的原则，规定了主刑、附加刑和非刑罚处罚等各种刑事责任方法，确立了各种刑罚制度，以及各种技术性和规范性的具体规则。这些原则、制度与规则同样是为解决分则中的具体犯罪服务的。在总则与分则的关系上，制裁规则与行为规则是一样的。

所不同的是，行为规则解决罪的调整，产生行为模式。制裁规则是对刑的调整，产生制裁模式。相对行为规则，制裁规则是作为犯罪的法律后果出现的，也会因行为模式的变化发生相应的变化。总体上，两者是按照罪、责、刑相一致的原则，建立对应的法律关系。需要强调的是，规则层面的制裁规则与行为规则一样是模式化的。在具体适用时，需要根据个案的不同情况"衡平"地处理行为人的刑事责任。

此外，如果将刑法看作是一个独立的部门法，两种规则分别调整犯罪和刑事责任，那么，整体上两类规则都可以理解为广义的行为模式，也就是传统理论上所谓行为规范与裁判规范的统一，是既约束社会又约束适用者的行为模式。但由于两者结构上和功能上的差别，两类规则还是具有一些不同的特点。概述如下：

从规则的生成方式上观察，行为规则特别是基本规则许多属于调整性规则（其中的自然犯领域更是典型），是对业已存在的罪行进行规范调整。立法确定的行为规则其实是这类行为的标准化、定型化。而制裁规则一般却是典型的构成性规则，是一种"从无到有"的建构。需要依赖规则本身确定规则内容，并依赖规则本身适用。两类规则因此会产生解释立场与方法上的差别。

从规则的内容确定性观察，行为规则的内容一般是确定的，简单罪状与叙明罪状是确定性的立法表现，但行为规则允许委任性规则和准用性规则[1],特别是准用性规则,相当数量地存在于分则条文之中,是当代刑法规制的重点领域,空白罪状是这种立法的典型表现。但制裁规则内容是确定性的,一般不允许刑法规定之外的其他法律规则进入刑罚。换言之,在行为规则领域,允许其他法律调整的行为依法进入刑法领域,变成刑法规则(即传来规则,或二次法)。但其他法律的制裁规则不允许进入刑法。由于刑法(刑罚)的特殊性质,在刑事责任上,"无法无刑"。甚至不定刑或者不定期刑,都会受到罪刑法定主义的坚决否定。

从规则的价值关系观察,行为规则在罪的评价上可分为禁止性规则与容忍性规则。违反禁止性规则行为导向犯罪,符合容忍性规则行为导向无罪(或者至少减轻罪责)。两类规则作为行为模式存在价值冲突,并需要在司法层面平衡冲突后决定罪的取舍。而制裁规则的模式本身不存在类似的价值冲突。刑事责任虽然也会因罪的变化产生的对应调整,但这是一种"因应"的反映。规则本身并不存在价值冲突[2],而是因罪产生的调适。或者说,制裁规则是犯罪后,国家开出的责任清单。对犯罪者而言,这份模式化的罪与刑的清单,可以对行为人犯罪时权衡利弊产生一般预防作用。在犯罪后,行为人与制裁规则的关系是承受法律后果,这时,制裁规则其实是对国家法律适用者的要求。此时对犯罪者适用刑罚,除了一般预防的追求

---

[1] 委任性规则的内容需要通过一定的立法和程序才能形成具体的规则内容,我国《刑法》第90条虽然允许委任性立法,但并没有实践。理论上,这种立法可以规定变通的罪与刑规则。但一旦形成刑罚,其内容也必须是确定的。

[2] 制裁规则其实也存在或轻或重的价值排序,但这种排序是因应罪行的一种变化与调整,规则本身不存在禁止与容忍相对的价值性质冲突。

外，需要更多地考虑特殊预防。做到罪、责、刑的统一，一般预防与特殊预防的统一。通过制裁规则得以实现，而制裁规则本身具有强行法的性质[1]。

从规则的功能观察，行为规则既可以表现为授权性规则，形成"可为模式"，正当防卫、紧急避险等制度属于这类规则。但入罪方面全部属于义务性规则，形成"当为"模式。无论禁止、命令还是组合规则都是典型的当为模式。当为不为或者不当为为之都是刑法禁止的，实施这种行为有可能构成犯罪。而制裁规则相对于行为人，可以说是一种义务性规则，行为人必须承担因犯罪产生的刑事责任。相对于法律适用者，这类规则更接近权义复合规则。司法人员既有权力，又有义务适用这类规则，不作为或者滥用职权将产生被追究法律责任的严厉后果。尽管在行为规则的意义上也是如此，但因为制裁规则是在满足行为规则的条件后适用的，逻辑上，重点不在于对社会行为的法律规定，而在于如何处置这种行为。因而更多体现的是国家职权职责的活动，其权义复合性更加突出与明显。

总之，制裁规则与行为规则组成了完整的法律逻辑结构，构成解决刑法两大范畴——罪与刑的模式化规则。但由于两者调整的对象和逻辑结构不同，两类规则各有特点，需要注意区分。两者的关系图示如下：

---

[1] 尽管制裁规则中包含任意性规定，但总体上，性质上仍然属于强行规则，要求司法人员按规则行动。

第五章　行为规则与制裁规则

行为规则	制裁规则
行为模式	制裁模式
罪的法定	刑的法定
调整对象	调整方法

第六章

行为规则之基本规则

罪刑规则由行为规则与制裁规则组成。在行为规则中，基本规则是基础性规则，是"罪"最原始、最基本的结构。在行为模式的诸多情形中属于不可化约的结构，并成为规定罪名的法条逻辑上的必要条件。没有这样的规则，其他规则将面临"皮之不存毛将焉附"的处境。这个结构直接关系到罪的有无、罪的性质和罪的原初标准，是分析与解剖刑法规则的重中之重。本章将针对基本规则的一些问题进行探讨。

第一节 基本规则的结构

基本规则的结构，可以从形式与内容两个方面进行观察。从形式上看，基本规则全部属于广义的禁止性规则。结构上表现为禁止规则、命令规则或者两者的组合形式。这可以理解为基本规则的外壳。我们可以通过识别这个外壳，对国家向社会发出的信息进行理解，在理解的基础上遵守这些规则。当禁止规则出现时,选择不作为;当命令规则出现时,选择作为;当组合规则出现时,根据规则的要求作为或者不作为。这样国家制定刑法调整社会的目的就能实现。在刑法的解释和适用过程中,识别规则的形式结构,具有重大意义。比如,我国《刑法》第 139 条之一规定的【不报、谎报安全事故罪】:"在安全事故发生后,负有报告职责的人员不报或者谎报事故情况,贻误事故抢救,情节严重的,处 3 年以下有期徒刑或者拘役;情节特别严重的,处 3 年以上 7 年以下有期徒刑。"在规则形式结构上,首先需要判断这不是一条单纯的禁止规则,也不是一条单纯的命令规则,而是一条选择组合规则。行为人不报告的行为违反命令规则,谎报的行为违反禁止规则,对本罪的构成来说,违反任一规则,或者违反两种规则都是对行为规则的违反,可以构成本条规定的犯罪。如果不先搞清楚规则的结构形式,对行为模式的把握就会发生偏差,甚至走向歧途。这在我国持有型犯罪的争论中表现得更充分,这些争论就是不了解规则的结构形式造成的。因此,审查基本规则的形式结构是犯罪审查的第一步。

按规范犯罪论的理论逻辑,刑法规则违反性是犯罪审查的第一个阶段,填充刑法规则违反性的形式上是两个逻辑递进的审查单元,一个是义务违反性,另一个是构成要件该当性。违反义务的外在形式就是违反广义的禁止性规则,而规则的内容是由国家通过刑事立法填充的。"不可犯罪"是国家向社会发出的总要求,分则规定的罪与刑规则,就是一份随时可以兑现的帐单。在刑法上,所有导向入罪的行为模式全部都是对义务的违反。违反命令、禁止,或者组合规则就是直接对刑法义务的否定。为此，规范犯罪论提出以下崭新的概念：一是基于违反禁止规则的违禁犯，从义务违反的角度，揭示规则违反的形式（类型），以此与从构成要件角度区分的作为犯呼应。二是基于违反命令规则的违令犯，以此表明行为对命令规则的违反，并与从构成要件角度区分的不作为犯呼应。三是违反禁令的组合犯，以此与从构成要件角度区分的作为与不作为的组合犯呼应。这样，形式审查可以从这三个概念迈出犯罪审查的第一步。触犯刑法首先是判断行为违反上述规则（即违禁犯、违令犯，或者组合犯），通过审查基本规则的形式结构可以帮助我们从形式上判断犯罪，把不违反禁令的行为从犯罪构成的逻辑进程中排除出去。

从内容上观察，行为人对上述规则的违反，一定是通过规范犯罪论揭示的刑法规则的一体两面性实现的，即通过两个规范性的逻辑环节实现的：一是义务违反性，二是构成要件该当性。

义务违反性是指行为人违反了行为模式的义务规范，这是成立犯罪首要的逻辑条件。反映在规则上，就是实施了刑法上违反禁止性规则的行为。正是因为实施了这种行为，立法才会将其规定为犯罪，司法也会将其认定为犯罪。它充分地表明了规范犯罪论的理论逻辑，说明一切犯罪都是对刑法规范的违反。义务违反性最直接地体现了这种规范化的要求，它直接表明行为人对刑法的背离与否定，破坏了禁止规则、命令规则或组合规则。如果行为不违反这些规则就不可能构成犯罪。因此，在犯罪构成的逻辑体系中，义务违反性是第一位的逻辑结构与单元。

第六章 行为规则之基本规则

但这个环节只规定和反映了刑法规则的一个方面。表明了国家要求社会遵守的法律义务，当行为人违反这些义务实施了破坏规则的行为，是否达到了犯罪的标准？是否满足了构成犯罪的所有逻辑条件？义务违反性本身不能回答。它必须借助另一个逻辑工具，这个工具就是传统刑法理论上的构成要件。

构成要件是义务违反的指标化、标准化、模式化、类型化。通过构成要件指标的规定，主观面的主体、罪过，客观面的行为、结果、时间、地点、方法、对象等要素在构成要件的塑造下，变成可以清晰归类与识别的法律标准。以德国、日本为代表的传统刑法理论虽然成就了构成要件概念，但没有看到或者没有深入分析义务与构成要件之间的关系，不恰当地从构成要件开始建构理论体系，犯下了致命的错误[1]。两者的关系，在行为模式中是"一体两面"的。义务和义务标准构成行为规则的完整结构。它们的关系，再论证和补充论证如下：

第一，两者的逻辑任务不同。行为规则的义务面决定了规则的规范属性，它是实体上处理法律关系上权利义务的制度形式。由于义务体现了国家调整犯罪行为的强行法要求，体现在禁止性规则之中，这时行为模式的这一面就以命令、禁止或者组合规则的形式出现。违反义务就以违反上述规则的形式表现出来。这种特质，体现了行为模式质的规定性，是一种偏向定性的逻辑任务。而行为规则的义务标准（构成要件要素）一面，则是一种指标化体系，用于将违反义务的各种主客观要素用指标化的构成要件统一起来，形成抽象的犯罪类型，是一种

---

[1] 对以德国、日本为代表的传统大陆法理论的批判请参阅陈孝平：《规范犯罪论》，法律出版社 2019 年版，第 78~85 页。

偏向定量与定性的逻辑任务。功能上，行为规则义务的一面侧重对行为的否定（评价），另一面却侧重于创建可依据的否定标准。从禁止杀人到满足故意杀人罪的构成要件，经历违反义务规则和符合构成要件的两方面，故意杀人罪的法律标准才建立起来。

第二，两者的逻辑次序不同。义务的一面在逻辑上先于构成要件，构成要件是义务违反的进一步发展，是义务违反的指标化和类型化。离开义务违反这一面，构成要件就没有根基，无法建构。大陆法系的阶层理论失败于此。相对义务违反，构成要件是"之后的"逻辑工具，是在义务违反的基础上搭建的上层建筑，是第二性的存在。这种逻辑上的先后次序具有重大的理论价值，传统犯罪论就是没有看清楚这种逻辑关系，以至于造成一系列的理论错误。

第三，两者的逻辑结构关系是一体两面、递进发展、相辅相成的。立法上"分配义务"是构成要件的逻辑前提，义务决定了行为的性质与模式化形式（禁止、命令、组合），表明国家对社会的强行法要求与规则形式。但在这个环节这种要求与形式是极其抽象的，必须填充具体的指标才能让这些要求具体化。构成要件要素其实就是这些要求的具体指标，因而是立法上"分配义务"的丰富与发展。必须经由这些发展，刑法义务才能获得现实性。因此，这是一个"扬弃"的过程。经由逻辑上的肯定（义务）、否定（构成要件指标）两个逻辑阶段，构成要件再以否定之否定的方式，最终完成对犯罪的定型。因此，构成要件成为立法上决定犯罪的法律标准，这便是文本意义上"刑法规定之罪"。可见，刑法义务与构成要件是一体的两个方面。经过逻辑上"正反合"的锻造，两者相辅相成地统一于模式化的行为规则之中，形成抽象的犯罪类型，产生犯罪的法律标准。

义务、义务指标、构成要件的逻辑关系图示如下：

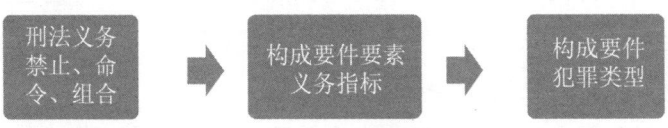

行为规则的一体两面性，在实践结构上，由涉案行为串联起来。在犯罪审查中，形成义务违反性和构成要件该当性两个递进的逻辑环节。

更深入地观察，这些行为规则的身后站着理由、根据、正当性和目的性之类的东西。在规范犯罪论的理论逻辑上，将这些决定规则的东西，用刑法规范这个概念统一表达。将刑法规范定义为：以刑法为渊源，以刑事上的权利义务为内容，并由决定这些内容的价值观组成的文化评价体系。用公式可以表达为：规则+权利义务+价值观，是一种"决定规则的规则"。在刑法上，反映和体现这种概念的核心范畴是法益与罪责。因此，在规范犯罪论的理论中，将犯罪实质地定义为"有罪责地侵害法益"的行为。这样，对义务违反和构成要件的观察，除了前述形式的分析外，还需要补充实质的分析，或者说可以把"分配义务"和构成要件，从现象与本质的两方面进行更深入地观察与研究。

由于构成要件是"分配义务"的指标化、类型化，是随着"分配义务"演变发展的。因此，我们以"分配义务"及其违反性为分析的样本,对深层的刑法规范与表象的刑法规则进行以下的探讨。

从表象上看,刑法规则特别是基本的行为规则已经具有的完整的法律逻辑结构。命令、禁止、组合规则,分别以作为、不作为或者两者交替的方式调整着社会,构成要件为这些行为规定了指标体系。当行为满足这些法律要素时,意味着行为违反刑法规则,触犯了刑法。

但犯罪构成的逻辑到此为止并不充分。因为,其一,满足上述条件的行为可能因为容忍性规则(比如正当防卫)的介入改变行为性质。当这种改变发生时,除了规则层面的解释外,需要更可靠的理由为这种改变提供理据。其二,义务本身需要内容。命令、禁止、组合规则只是一种履行义务的形式要求,这种形式如果没有内容填充就是空洞的。比如,我国《刑法》第232条规定:"故意杀人的,处……"是一条典型的禁止规则,但如果不把"故意杀人"揭示出来,这样的规则便无意义。这里"故意杀人"作为禁止的内容,使立法上义务的分配与要求获得了形式与内容的统一。因此,义务的内容需要揭示出来,只有揭示出来了立法分配的行为模式才能清晰地呈现出来。更深入地说,国家制定这条规则一定是有理由的,这个理由就是我们需要挖掘的刑法规范。对犯罪论来讲,这种理由还需要找到一种通约的表述,以便一以贯之地解释所有的犯罪。如前述杀人罪,这种更深层的理由,就是生命权的价值。其三更重要的是,人类的法律始终面临"丛林法则"与"正义法则"的拷问。没有理由或者任意的、不可靠的以及一切不正义的理由,都可能面临"恶法非法"的挑战,最终会冲决刑法的

第六章 行为规则之基本规则

权威,其政治和社会后果将是灾难性的。因此,必须在规则背后找到理由,并以此为规则提供价值支撑。在规范犯罪论的术语中,这种理由就是刑法规范。

进一步的追问是,这种刑法规范是什么?它们是如何进入刑法规则的,又以怎样的形式存在?对此,《规范犯罪论》一书已经作了初步的问答,现补充论证如下:

刑法规范是规则背后的规则,可以用"刑法规则+刑法上的权利义务+价值观"的公式表达。形象地说,刑法规则是外壳,权利义务是内核,价值观是灵魂。在规范犯罪论中,这个术语有两个向度,大致可以用横向(前后结构)和纵向(表里结构)两个方向解释。纵向地看,刑法规范是刑法规则的深层结构,是为规则提供理由的,由实体上的权利义务和决定这些权利义务的价值观组成。横向地看,这个术语是指犯罪审查过程中,用于区别类型化审查与非类型化审查两个阶段的逻辑概括,是司法环节适用刑法审理案件,解决"文本"与"运用文本"两者关系时使用的概念,用于概括司法环节"衡平"的性质与特点。处理刑法在适用过程中因为各种竞争性利益和价值参与后出现的复杂情况,在规范逻辑的参与下实现冲突的平衡与解决,以此帮助刑法的适用者准确地适用刑法。这两个向度,虽然方向不同,但拥有共同的内在品质,规范犯罪论将这种品质概括为"有罪责地侵害法益"。在本章的语义下,刑法规范主要指纵向维度。

那么,它们是如何以及以什么形式进入刑法规则的呢?

一如前述,所有的入罪行为模式全部是违反刑法的义务规则,具有义务违反性。义务违反具有形式与内容统一的品质,形式是为内容服务的，内容因法律保护的标的不同形成刑法分则规定的各法条和各罪名。将这些纷繁复杂的犯罪归类整理的法律概念就是法益，类法益产生类罪名，个别法益产生个别罪名。一切违反法律的行为都是侵害法益的，犯罪是其中最严重的一部分。因此，规范犯罪论用法益侵害性概括了所有犯罪的共同品质，成为刑法规范的一个核心概念。另一方面，当我们观察犯罪与违法的区别时，单纯的法益侵害性并不能把违法与犯罪区别开来[1]，能够将两者区别开来同时又能保持刑法与其他法律有机联系的，是犯罪的另一个品质，这种品质规范犯罪论用罪责性概括。犯罪是一种有罪责的行为，这一点可以将犯罪与一般违法区别开来。因此，罪责性成为刑法规范另一个核心概念。于是，"有罪责地侵害法益"就成为规范犯罪论对刑法规范的高度概括。

这样，刑法规则通过义务和义务标准（构成要件）将"有罪责地侵害法益"的行为类型化地规定为犯罪，形成模式化、类型化的"犯罪类型"。也就是说，在刑法规则（立法/文本）阶段，刑法规范是作为刑法规则的深层结构隐藏在命令、禁止或者组合规则之中，并通过构成要件的指标体系，将各种犯罪行为定性，成为刑法中的某一条款和某一罪名。理解刑法规则与刑法规范的这种结构与关系，对于准确地适用刑法极其重要。有关的问题我们将在下一章中专门讨论。

基本规则的双层结构图示如下：

---

〔1〕 两者在程度上有差别，但价值取向是一致的。程度上的差别虽然在质量互变原理上有解释空间，但就两者的区别而言，这仅仅是一个维度，并不能完整反映两者的性质上的差别。

第六章　行为规则之基本规则

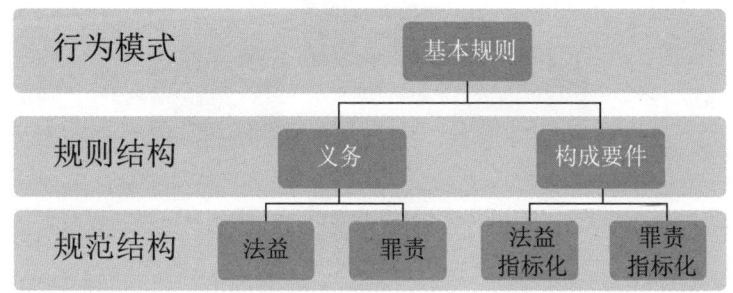

如果把基本规则的双层结构翻转一下，以构成要件作为类型化的法律标准，则填充其间的就是刑法义务禁令与法益及其罪责的指标，构成要件是整理这些指标的逻辑工具。这些指标经过构成要件的集合整理形成犯罪类型。这是继规范论揭示了刑法规则表里结构之后，揭示的另一种结构，即集中结构。在这种结构中，反映刑法义务的（禁令、法益、罪责）被构成要件集成为犯罪的法律标准。构成要件在集成犯罪类型时，有两种集成模式。一是形式集成，二是综合集成。前者的构成要件是形式层面的概念，是禁令（义务）的指标化、类型化。后者的构成要件是综合的、全要素的概念，是对犯罪构成的充分必要条件的综合表达。前者在形式的意义上，后者在综合的意义上反映与表达了犯罪的法律标准，成为我们分析判断涉案行为该当性的具体模式。两种模式都是刑法规则一体两面性的表现形式，反映了刑法义务与构成要件辩证统一的逻辑关系。集成结构图示如下：

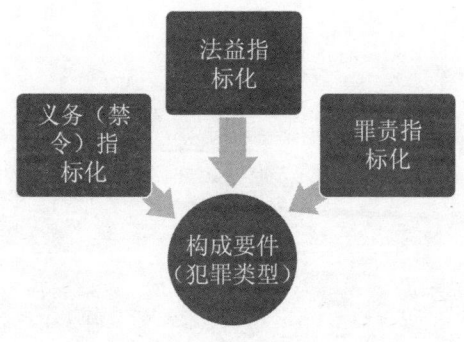

第二节　基本规则的类型

从基本规则的来源上观察，依据原生性或是传来性，规范犯罪论将基本规则分为固有规则与传来规则。

固有规则是刑法作为部门法"与生俱来"的自有规则。这是因为某些行为拥有自身独特的"基因"，不可能也不需要依赖其他法律来调整，只能直接依据刑法规制。比如杀人、放火、抢劫、强奸等罪行，古今中外都是刑法的专属领域，不可能也不需要其他法律参与进来帮助刑法确定自己的规则与判断。这类规则是刑法最原始、最朴素的部分。自然犯对应的规则部分全部属于这类范畴，法定犯中也有部分（主要是高度政治性的规则，比如我国刑法分则第一章规定的危害国家安全中的许多犯罪）也属于这类范畴。它们的共同特点是，它们直接来源于刑法，是刑法原生性的规则，不需要或者基本不需要其他法律的介入，直接依靠刑法向社会发出命令或禁止。相对需要借助其他法律介入才能确定行为模式的规则而言，我们将这类规则称为固有规则。

第六章　行为规则之基本规则

传来规则相对固有规则而言，指从其他法律传入刑法的规则。这些规则的原生形态都不是刑法，而是其他法律。法定犯中大量的犯罪属于这种类型，比如关于走私、危害税收、妨害金融、产品质量、社会管理等犯罪，都是因为违反相关法律，性质转变后被规定为犯罪。这些规则的原生形态并不是刑法，而是刑法作为补充法、保障法参与到国家法律体系之中后，通过刑法的"纳入"转换变成的刑法规则（即所谓二次法）。这种规则尽管在效力上与固有规则一样都是具有刑法效力的规则，但它毕竟是传来的，与其他法律具有千丝万缕的联系，需要处理各种异常复杂的衔接、转换问题。由于法定犯扩张的立法趋势，这类规则大量地出现在当代刑法中。从数量上远远超过了固有规则，甚至可以说，这类规则是当代刑法研究的重点。

相对而言，固有规则因其原汁原味的刑法基因，其行为模式较为单纯。在调整性与构成性规则的分类中，属于典型的调整性规则，是理解刑法作为评价规范[1]最合适的参照系，也是刑法解释理论上客观解释和目的论解释的用武之地。而传来规则就如同转基因作物，相对原生规则，它是一种异质规则的嵌入后产生的刑法规则，与固有规则比较，这类规则极其特殊。这种特殊性《规范犯罪论》已经作了初步的探讨[2]。现在，重述和补充论证如下：

---

[1] 传统刑法在解释刑法的机能上，对刑法规范的解释有所谓意思机能（规范）与评价机能（规范）的概念，评价规范是意思规范形成的基础。或者说社会先有评价规范，然后才有立法者通过立法进行的表达，形成意思决定的规范。

[2] 陈孝平：《规范犯罪论》，法律出版社2019年版，第62~73页。

从规则本身的外部关系与内部结构两方面考察。

首先,从外部关系上看,传来规则的原生形态是其他法律。在国家法律体系中,刑法与其他法律因调整对象与调整方法的不同,法律地位的差别,形成规范效力与类别各不相同的部门法。刑法属于国家的基本法律。在法律层级上,处于宪法之下,其他法律之上。同时,刑法不同于其他任何部门法的特点是,它是国家法律体系的补充法与保障法,参与到几乎所有的法律部门中。由此决定了刑法与其他法律之间有着千丝万缕的联系。这样,刑法不可避免地与其他法律在法的实施进程中发生各种复杂的关系。这些关系涉及立法、行政、司法的不同权力与职能,涉及各层级、各部门的国家机构和相关的职能活动;涉及复杂的主管、管辖、法律冲突(甚至部门利益冲突)、权威等一系列的问题。这些问题远远超出了实体刑法学的范围,但理解这些外部关系,对于观照进入刑法的传来规则又是必需的视角。

撇开上述复杂的外部关系,从刑法规则自身的内部观察,如何处理传来规则也是一个重大的问题。随着法定犯的扩张,国家用刑法介入社会的广度与深度空前加强。从数量上观察,法定犯远远超过自然犯,构成刑法的主要部分。而法定犯的主要来源就是其他法律的转化。二次法已经成为当代刑法的主力军。

笔者认为,传来规则在内部结构上和行为模式上,与固有规则非常不同。表现在:

1. 固有规则来源于刑法本身。行为模式的法律义务直接产生于刑法规定,是原生的。用公式表示为:A(刑法)= A

（刑法规则、行为模式）。而传来规则来源于其他法律，是从其他法律进入刑法后变成的刑法规则，其行为模式的法律义务是代入的，而非原生的。用公式可表示为：A（刑法）+B（其他法律）= A（刑法规则、行为模式），由此导致了两者在结构上对法律的依赖不同，固有规则不需要或者基本不需要依赖其他法律塑造自己的内容。而传来规则却必须依赖其他法律界定自己的内容。离开其他法律的"填充"其规则无法确定。

2. 行为模式的规则形式也不相同。固有规则的规则形式，基本上是单纯的禁止规则或者单纯的命令规则。无论是政治性还是伦理性的犯罪，往往不需要组合性地提出复杂的要求，而是通过禁止或者命令直接地确定行为模式，而传来规则的规则形式却鲜有单纯的命令或者禁止，组合规则是更常见的表现形式。

3. 行为模式的规则内容表达也不相同。固有规则不会出现所谓"空白刑法"（即"白地刑法"），往往用简单罪状和叙明罪状直接规定禁止或命令内容。而传来规则却大量地出现"空白刑法"，行为模式的内容刑法法条本身无法确定，需要参见其他法律才能确定。

4. 由于传来规则指向其他法律，而非其他法律的某一个条款，所以会产生进入刑法的范围问题。因为其他法律本身往往就是一个系统，如同刑法一样，有各种各样性质与功能不一样的规则（内容）。如果不经过"筛选"，这种指向几乎是空洞的，可以任意地上下其手，在法理上说不通，在实践上极其有害。这也是空白刑法在罪刑法定主义的实践上最令人担心的地方。

5. 与上一点有关的另一个问题是，传来规则指向的其他法律并不限于严格意义上的法律，有可能指向广义的法律，即国家制定的以法律、法规、规章等名义出现的规范性文件。如我国《刑法》第133条之一【危险驾驶罪】第（四）项规定："（四）违反危险化学品安全管理规定运输危险化学品，危及公共安全的。"第136条【危险物品肇事罪】规定："违反爆炸性、易燃性、放射性、毒害性、腐蚀性物品的管理规定，在<u>生产、储存、运输、使用中发生重大事故，造成严重后果的</u>……"等都是适例。这也带来了非常复杂的问题，这些问题既包括法律层级的识别、法律规则的识别等技术层面的问题，也需要处理）是否有可能动摇罪刑法定原则的问题（后者更棘手）。

6. 从规则的生成方式看，固有规则是典型的调整性规则，传来规则在传来法律的意义上，属于私法领域的往往也是调整性规则，属于公法领域的往往是调整性与构成性结合的规则，甚至主要是构成性规则（比如大量的行政犯）。但进入刑法后，这些规则都是构成性的，是依赖规则而不是依赖事物本身形成的规则，因而在刑法解释理论上更适合主观解释和历史解释。这一点与固有规则更依赖客观解释和目的论解释也不相同。

可见，传来规则是一套非常特殊的系统，需要专门地进行更深入的研究。《规范犯罪论》针对上述问题从传来与被传来法律之间的关系（整体）、传来规则与对应法律之间的关系（局部）、传来规则的构成要件有什么特殊性、如何在传来规则上坚守罪刑法定原则等方面进行了探讨。本书在重申上述立场的情况下，修正与补充分析如下：

1. 传来规则所传来的法律，指引上指向其他法律的整体，但实际上所传来的只能是该特指法律的一部分。从入罪的行为模式全部属于义务性规则来看，所传来的法律规则一定也是义务性规则。这些义务不是道德义务而是法律义务，并且具有强行法性质[1]。

2. 传来规则所传来的法律，虽然包含以国家名义制定的各种规范性文件，但根据我国《刑法》第96条规定："本法所称违反国家规定，是指违反全国人民代表大会及其常务委员会制定的法律和决定，国务院制定的行政法规、规定的行政措施、发布的决定和命令。"因此，不属于上述范围内的由地方立法机关[2]或者地方国家机关制定的规范性文件，不包含在传来规则允许传来的范围内。由于刑法在法律层级上高于一般法律，更高于行政规章、决定和命令。因此，进入后的其他法律需要按刑法的逻辑转换与再造，不能直接不加转换与再造地"径行引用"。

3. 转换与再造的基本途径与方法是：一是立法途径，通常可以使用广义的行为要素和广义的情节要素，限制进入刑法的范围[3]，如我国《刑法》第136条【危险物品肇事罪】规定："违反爆炸性、易燃性、放射性、毒害性、腐蚀性物品的

---

[1] 其中的授权性规则作为价值相反的规则可以对冲义务性规则，权义复合规则也会出现在其他法律之中，但在基本规则的行为模式中，进入刑法的只能是义务性规则。

[2] 我国《刑法》第90条规定："民族自治地方不能全部适用本法规定的，可以由自治区或者省的人民代表大会根据当地民族的政治、经济、文化的特点和本法规定的基本原则，制定变通或者补充的规定，报请全国人民代表大会常务委员会批准施行。"

[3] 增加（行政）前置程序也是我国刑法解决这类问题的常见方法。如逃税罪、拒不支付劳动报酬罪、信用卡诈骗罪，等等。

管理规定，在生产、储存、运输、使用中发生重大事故，造成严重后果的……"下划线部分划定了行为范围，中划线部分规定了广义情节，这样可以限制其他法律进入刑法的范围。二是司法途径。其中有两种路径可以选择，其一是由最高司法机关通过司法解释重新规范这种罪行的行为模式；其二是由法官在适用法律审理案件时依据刑法规则和其他法律的规定创造性地适用刑法，在反复的适用中，接受社会和更高层级司法机关的检验与审查。最后形成明确的行为模式。

另外，在典型的固有规则与传来规则之外，我国刑法还存在一种也许可以称为混合规则的基本规则。这类规则一方面具有固有规则的特点，另一方面具有传来规则的特点。例如，我国《刑法》第324条规定的【故意损毁文物罪；故意损毁名胜古迹罪；过失损毁文物罪】，其行为方式具有调整性规则的特点，行为对象具有构成性规则的特点。再如，我国刑法第397条规定的【滥用职权罪；玩忽职守罪】以及与此关联的【徇私舞弊罪】等类型的犯罪，其行为方式具有调整性规则的特点，其行为内容由于与国家机关工作人员履行职责职权的国家职能活动有关，而这些活动的背后是国家管理社会的一系列法律法规，因此往往又是构成性的。这种混合规则在我国刑法中并不少见，是需要特别关注的一类规则。

基本规则的内部结构类型，图示如下：

第六章　行为规则之基本规则

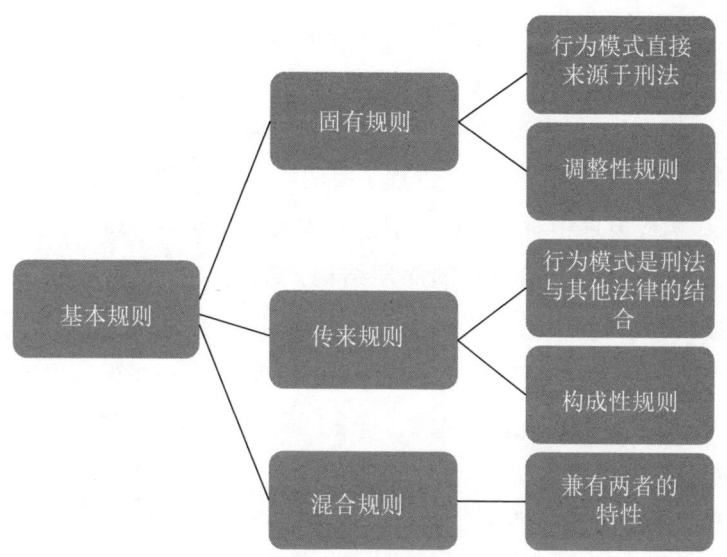

第三节　基本规则与构成要件

按规范犯罪论的理论逻辑。犯罪审查的第一个逻辑阶段是刑法规则违反性，而基本规则是其他所有规则的基础结构，具有完整的法律逻辑分析要素。对基本规则与构成要件的分析，可以引领其他构成要件的分析。在犯罪审查中，产生基础性的样本示范作用。

上述基本规则的规范结构与形成结构的分析，对于深入观察与分析第一阶段的审查任务具有重大的理论与实务价值。

从基本规则确定的行为模式的规范结构看，违反刑法规则是一个"双层+递进"的模式结构。违反刑法规则的第一个层次是违反禁止性规则（义务）与该当构成要件，第二个层次是行为具有法益侵害性和罪责性。两个层次对应的两组关系之间是递进的,构成要件是违反义务的指标化。罪责是法益侵害在刑事违法上相对一般违法主观要件的特殊表达,是刑法调整对象(犯罪)的特殊过错形式。需要特别强调的是,这里的行为模式是类型化的,与司法处理个案的情形并不相同。

构成要件相对义务是一个指标体系,相对罪行就是一个抽象的法律标准,相对它的深层结构,就是"有罪责地侵害法益"的类型。当法条用语言文字表述时,情况就更加复杂了。传统刑法理论在分析解决这些问题时,形成了一些很有价值的分类,但由于根基上的错误,许多问题并没有解释清楚,是时候重述了。

"无行为则无犯罪"是当代刑法理论坚守的铁律。这一点,仍然不可动摇。规范犯罪论产生后,"无义务则无犯罪"将成为解释这一铁律最核心的格言。所有的犯罪都是对刑法规定义务的违反,没有任何例外。构成要件不过是义务违反的指标化、类型化,必须与义务违反性结合起来,才能真正地形成犯罪类型。因此,对构成要件的解剖,必须从义务违反开始,到完成指标体系结束。按照双层、递进的结构,重述犯罪类型。在这种类型中,构成要件只是一个逻辑单元,它与义务及其深层结构——法益与罪责一起共同完成塑造犯罪类型的任务。

由此,当我们审查某一犯罪的构成要件时,逻辑上需要分为以下四个步骤:第一步,审查行为违反了禁止、命令或者组合中的哪一类规则,以此确定义务的违反形式(违禁犯、违令犯、组合犯);第二步,审查这个行为是否符合法律规定的各项指标(即构成要件)。以上两个步骤构成审查的第一个层次,属于形式审查。第三步，审查义务的规范内容即深层结构。这一步又分为二个步骤。一是审查法益，二是审查罪责，这两个步骤属于实质审查。上述步骤完成后，可以对行为是否违反刑法规则作出判断。以我国《刑法》第 325 条规定的【非法向外国人出售、赠送珍贵文物罪】为例，该条第 1 款规定："违反文物保护法规，将收藏的国家禁止出口的珍贵文物私自出售或者私自赠送给外国人的，处 5 年以下有期徒刑或者拘役，可以并处罚金。"在这条规则中，我们可以把审查通过上述两个层次和四个步骤完成。第一层（形式结构）审查，分两个步骤：第一步，首先明确该条刑法规定的是一条禁止规则，属于违禁犯。它设定的是一条消极义务，行为人只要不作为，就不会触犯这条规则；如果行为人违反了这个规则实施了"私自出售"或者"私自赠送"的行为，那么，是否符合构成要件规定的指标就是审查的第二步。此时，各种指标将进入审查范围，比如主体是否适格、是否故意、出售的对象是否属于国家禁止出口的文物、购买者是否是外国人等。这些审查完成后可以从形式上判断行为是否该当构成要件，但这种形式审查未必与深层结构的刑法规范追求的价值统一。虽然这个环节侵害法益与罪责是以类型化的方式存在的，并且往往通过第一个层次已经得到表达，已经基本能够反映出行为的法益侵害性与罪责性，例如，该条对行为和双重犯罪对象的指引——"私自""禁止出口的珍贵文物""外国人"，这种指引已经较明确地体现了法益保障的价值，故意实施上述行为已经较明确地反映了罪责性。但有些时候、有些法条和罪名，仅仅作形式的审查是不够的，还必须对深层结构进行审查。例如，我国《刑法》第 345 条规定的【盗伐林木罪；滥伐林木罪；非法收购、运输盗伐、滥伐的林木罪】其犯罪对象的指引是林木。但林木的范围极其广泛，权属上也有很大的差别，国家管理林木的制度涉及各种性质与类别各异的规定与制度。这时，仅仅作形式审查就不能判定行为的性质，必须进入深层结构的审查，将该法条规则所要保护的法益清楚明确地揭示出来。只有这样，才能对是否该当违反刑法规则作出判断。在这种深层结构的审查中，涉及森林资源的林木，以及属于国家依据森林法强制管辖、管理的林木才能体现保护森林资源的法益，一切不涉及森林资源，不属于强制管理的其他林木因不属于该条规则保护法益的范围，不能认定犯罪。类似的规定在我国刑法中并不少见。这些规定都需要作深层结构的审查。这里，有必要特别强调的是，这个环节的审查仍然是类型化的审查。"有罪责地侵害法益"是以类型化、模式化的形式存在于刑法规则之中，体现刑法规范的价值约束。

由于刑法规范是刑法规则的深层结构，隐藏在刑法规则特别是构成要件之中。当我们对基本规则的构成要件进行特征归类和类型化的划分时，这种双层结构和四个审查步骤再次体现了自己的价值。详言如下：

从义务规则的形式审查，可以帮助我们划分行为的类型，违反禁止规则，是违禁犯，其行为模式是作为犯；违反命令规则的，是违令犯，其行为模式是不作为犯；违反组合规则，是违反禁令的组合犯，其行为模式是作为或者不作为交织的组合犯。如果指标体系（构成要件）规定了其他指标要素，比如结果，分类上就是结果犯。

第六章 行为规则之基本规则

从构成要件上审查，因构成指标的选择，可以因主体的选择形成身份犯，因对象的选择形成对象犯，因时间、地点、方法、场合、次数、情节等要素的不同，可以形成相对应的犯罪类型。从主观要件上，可以形成故意犯与过失犯，以及极端情况下的严格责任犯罪。总之，为归纳构成要件的特点，可以将要素上规定的特定要素用"某某犯"来命名与概括。

从法益审查，侵害法益是所有犯罪共同的品质，不侵害法益的行为不可能构成犯罪。法益在刑法规范的纵向与横向结构上，都具有体系化的地位（即表里结构与前后结构）。这个环节的法益侵害性是在纵向结构的意义上观察的，从这个角度上看，可以将犯罪分为形式犯与实质犯。这是一个传统刑法理论上已经有的划分，但因为法益侵害说与规范违反说的论争被边缘化。现在，在新的理论基础上必须"请回来"。所谓形式犯是指行为满足法条规定的所有的形式要件就可以认定的犯罪，不需要对特定法益作实质审查。如我国《刑法》第320条规定的【提供伪造、变造的出入境证件罪；出售出入境证件罪】，该条规定"为他人提供伪造、变造的护照、签证等出入境证件，或者出售护照、签证等出入境证件的，处5年以下有期徒刑，并处罚金；情节严重的，处5年以上有期徒刑，并处罚金"，就是形式犯的立法适例。行为只要具备法条规定的形式要件，就可以直接定罪，不需要对深层结构的法益进行归纳与说明。形式犯并非不侵害法益，而是侵害法益的方式极其特殊，这种特殊性可以用违反刑法义务作为抽象与最初的解释。行为违反刑法的命令、禁止或者组合规则本身就表明了行为对刑法的违反，损害了国家依靠刑法所要保护的法益。在实证法的意义上一切否定国家意志（法律）权威的行为都是侵害法益的，违反刑法义务是最直接的否定形式。正如该条规定的禁止规则与规定的构成要件一样，只要行为人在构成要件的框架下不遵守法律规定的消极义务——选择——作为，就已经损害的法益，不需要对特定法益进行进一步的审查。

实质犯是相对形式犯的概念，指除了满足法条的形式要件外，还需要损害特定法益方能构成的犯罪。理论上根据损害程度的不同，进一步分为危险犯与实害犯。前者指对特定法益造成的危险即可构成的犯罪，可进一步分为具体危险犯和抽象危险犯；后者指对特定法益造成实际损害的犯罪[1]。

从罪责角度审查，由于这个环节属于类型化审查，罪责与构成要件中的主观要件是融合在一起的，故意与过失既是构成要件要素，也是罪责要素。它们都是心理事实与规范评价的统一：一个是形式结构，一个是深层结构；一个侧重心理的事实，一个侧重规范的事实。两者作为"态度不法"的表现形式，体现了罪过形式与内容的统一[2]。

综上所述，传统理论上的构成要件，在规范犯罪论的理论体系中，是作为刑法规则的一个方面存在的，它是义务的指标体系，构成抽象的犯罪类型，组成犯罪类型的形式结构。法益与罪责是作为刑法规则的深层结构，内化或隐藏在形式结构之

---

[1] 由于法益在法条上的表现与要求不同，形式犯定罪的要求远远低于实质犯，而实质犯中的抽象危险犯低于具体危险犯，具体危险犯低于实害犯。这种定罪要求递增、递减的情况无论在立法、司法与解释上都具有重大的理论和实务价值，需要专门地开展研究。

[2] 这个领域在传统刑法理论中也是争议很大的领域。有很多似是而非的观点，需要专门研究。

中。真正的犯罪类型不是由构成要件塑造的,而是由刑法规则塑造的。传统理论在这个问题上犯下了巨大的错误,必须否定。基本规则作为基础性规则,是犯罪类型的基本模式,构成要件是这种模式的表达形式。

基本规则纵向结构的审查步骤与功能,图示如下:

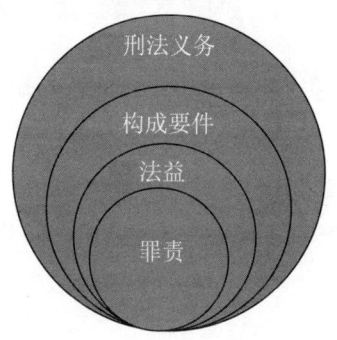

经过由表及里、由浅入深的层层审查,该当违反基本规则的行为类型化地满足了犯罪构成的需要,行为有可能构成犯罪(在表里结构的意义上)。

又由于构成要件的定型化功能,它既是刑法义务的指标体系,又是法益与罪责的指标体系,在类型化的意义上整合了犯罪构成的逻辑要素,构成模式化的犯罪类型。因而,该当构成要件的行为意味着符合类型化的犯罪标准,行为有可能构成犯罪。在集成结构的意义上,上述层层审查的图形可以转换为下图:

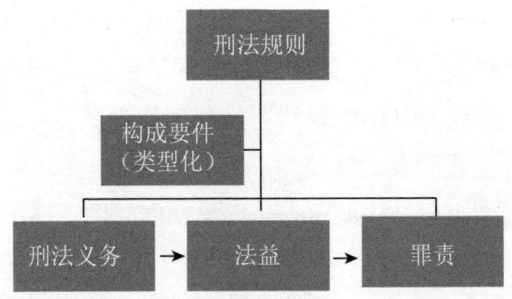

这样,在规范犯罪论的前后结构中,该当构成要件意味着类型化地符合犯罪构成的法律标准,成为类型化审查完成的标志,并为后结构的非类型化审查提供逻辑条件。基本规则由于其基础性、目标性、完整性和典型性成为解剖构成要件最理想的范本。

第七章

行为规则之修正规则

在行为模式中,基本规则是基础性规则,具有完整的法律逻辑要素,在这个基础之上,犯罪行为可能因为未完成,或者参与人数众多形成变异的结构形式。刑法上处理这些变异形式的规则就是修正规则,这是一种结构性规则,需要与基础性规则结合起来,才能发挥规制犯罪的作用。本章将结合我国刑法的规定讨论这类规则。

第一节 修正规则的结构

修正规则是相对基本规则而言的结构性规则,有其自身的特点。这些特点,体现在规则的结构上,即它是一种依赖基本规则,并与基本规则配合才能形成行为模式的规则。如果没有基本规则的参与同构,修正规则起不了任何作用。我国《刑法》第22条至第24条关于犯罪预备、未遂、中止的规定;第25条至第29条关于共同犯罪的规定就是修正规则的立法适例。

修正规则也可以用形式结构与深层结构（表里结构）双层递进地观察与解剖：从形式结构上看，这些规则仍然具有违反禁止性规则的属性，但更加抽象。与基本规则不同之处在于，这种违反是只有形式而没有具体内容，因为具体内容需要基本规则参与同构后才能确定。换言之，其义务违反性需要依据基本规则的义务违反性才能具体确定。修正规则本身只能抽象地以"犯罪"概念表明行为的义务违反性。例如，《刑法》第22条第1款关于犯罪预备的规定："为了犯罪，准备工具、制造条件的，是犯罪预备。"从这个规定中，我们只能对这种行为与犯罪的关联性产生义务违反的抽象判断，但规则本身不能明确这种行为究竟违反了什么具体义务。具体义务需要由基本规则来回答，例如我国《刑法》第232条规定的杀人罪与之配合，才能明确违反了什么义务。从构成要件上看，它所建立的指标体系也需要结合基本规则才能确定，没有基本规则的参照，修正规则确定的义务指标，几乎没有意义。比如说，为了犯罪，准备工具的行为属于修正规则的构成指标。但是如果不清楚为了犯什么罪，其修正类型的犯罪就无法判断。张三买了一支枪，如果用于杀人可以说是犯罪预备，如果是为了收藏，就构成买卖枪支罪。可见，其构成指标离不开基本规则，否则无法适用。从深层结构上看，修正规则之所以被国家立法规定为犯罪的一种形式，说明这种行为仍然是侵害法益并且是有罪责的。否则，国家也不可能将这种行为规定为犯罪。但其法益侵害性与罪责性也是高度抽象的，规则本身仅仅是因为与犯罪概念关联才形成这种高度抽象的判断，但要说清楚具体侵害了什么法益和具有怎样的罪责，就必须结合基本规则才能解决。

从这种双层结构的观察中，可以看出修正规则依赖基本规则的一个方面。但另一方面，在基本规则参与同构后，修正规则可以改变基本规则的原有模型，形成修正的犯罪类型。如前例《刑法》第 22 条与《刑法》第 232 条结合形成故意杀人罪的预备类型。用公式表示为：A（基本规则）+B（修正规则）= C（修正类型）。此时，因修正规则的参与，重塑了犯罪的具体形态，产生了新的犯罪类型。

除了结构上的以上特点外，修正规则与基本规则比较，具有更多构成性规则的特点，是依赖制度建构本身并按这种建构运行的规则。而基本规则，特别是固有规则（自然犯）部分却是典型的调整性规则。两类规则在形成方式上的差别，对于准确地理解和运用两类规则具有理论与实务价值。一般而言，对调整性规则的理解更信赖常识，对构成性规则的理解更依赖专业上的理性。两类规则的解释风格——一如前述，有主观解释与客观解释的差别。

第二节　修正规则的类型

修正规则对基本规则的修正主要体现在两个方面，一是纵向修正，形成未完成的犯罪类型；二是横向修正，形成共同犯罪类型。这两个领域都是传统犯罪论研究的重点。

规范犯罪论对此的观察与分析，主要是从自身的理论逻辑进行的。也就是将一元论、二阶层、四要件的犯罪论体系放在修正类型上进行分析，并得出自己的理论结论。

概言之，从纵向修正看，经修正形成的犯罪预备、未遂、中止，结构上都是 A+B=C 的模式化结构。这种结构中的 C 才是犯罪类型，A 和 B 分别作为基本规则与修正规则共同参与到犯罪类型的重塑之中，并最终融化在 C 里。由于 C 是一种新型的犯罪类型，在规范犯罪论的体系化审查中，会出现一些新的特点。以我国《刑法》第 23 条规定的犯罪未遂为例，该条第 1 款规定："已经着手实行犯罪，由于犯罪分子意志以外的原因而未得逞的，是犯罪未遂。"这是一条修正规则，其构成指标常被概括为：（1）已经着手实行犯罪，以此区别预备行为；（2）犯罪未得逞，以此区别既遂；（3）未得逞是因为意志以外的原因，以此区别中止。但仅有这条构成指标，并不能完成犯罪类型的塑造。它需要与某条基本规则结合，才能产生具体的未遂犯罪类型。在形成新的犯罪类型时，一元论的基础不会发生任何改变，因为被评价的仍然是规范化的行为。但二阶层、四要件的审查在修正类型上，会出现一些微妙而深刻的变化。表现在：二阶层的表里与前后结构，因修正规则的参与，发生了变形。从表里结构上说，形式结构上的义务违反性和构成要件该当性，是违反刑法规则的两个形式要件。但其刑法上的义务，此时是由修正规则与基本规则两个方面设定的，修正规则只能形成抽象的刑法义务，这种义务须与基本规则的义务结合，才能形成刑法义务的具体内容。在构成要件上，基本规则规定的构成指标是完整的。充足这些指标，犯罪就是既遂。但修正规则改变了部分指标，修正后形成的犯罪类型，是两种规则指标体系重新组合后形成的新的指标体系。该当这样的指标体系即意味着该当修正的刑法规则，具有刑法规则违反性。从深层结构上看，因为犯罪未达到既遂，其法益侵害性相对较

第七章 行为规则之修正规则

低,罪责性也会因为态度的不同,(比如未遂与中止)形成差别。从前后结构上说,类型化审查可以判断涉案行为是否该当修正类型,非类型化审查仍然面临价值竞争与价值冲突的取舍。在肯定性或者可接受价值参与博弈的情况下,可以将事实上不侵害法益(如绝对不能犯的迷信犯)或者没有罪责(比如身体被物理强制、被深度意识控制而丧失意志能力)的该当类型化行为从犯罪构成中排除。

显然,在修正类型上,构成犯罪的方式,与基本规则规定的犯罪类型不同。这些特点,需要关注。

未完成类型的体系化关系,图示如下:

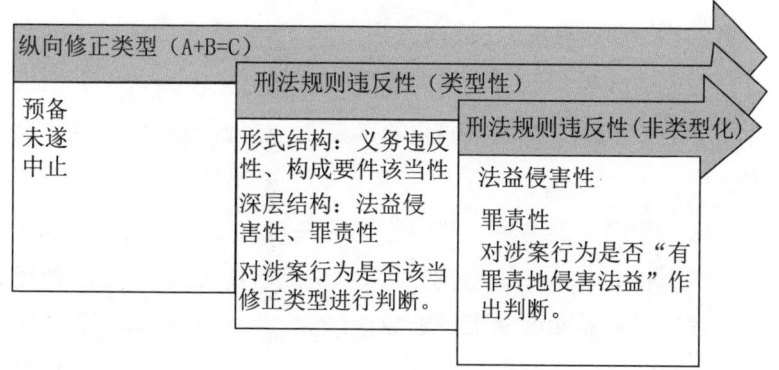

从横向结构看,修正规则参与基本规则后,形成了共同犯罪类型。由于共同犯罪的参与者未必每一个都着手实施基本规则的行为模式,因而,在正犯与共犯之间,需要处理复杂的共同犯罪关系。从规则的结构关系看,共同犯罪的修正类型与未完成类型的情形相同。都可以用 A+B=C 表示。

根据我国《刑法》第 25 条第 1 款规定:"共同犯罪是指二

人以上共同故意犯罪。"在对"共同"的理解上，规范犯罪论区分了行为共同与罪名共同两种类型。所谓罪名共同是指所有的共同犯罪参与人与正犯，共同犯同一基本规则规定的犯罪（罪名同一）。所谓行为共同是指参与人共同故意违反刑法，但未必实施同一基本规则规定的犯罪（罪名未必相同）。从我国《刑法》第25条的规定看，共同犯罪包含这两种类型。由于这两种类型的修正方式并不相同，需要更深入地研究。

从罪名共同的修正类型看，共同犯罪的参与人，与正犯一起构成正犯所实施的犯罪。这是一种典型的 A+B=C 的修正类型。正犯实施了基本规则规定的犯罪（A），共犯因第25条规则的修正（B），与正犯一起构成同一罪名的共同犯罪（C，即 A 罪名下的修正类型）。我国《刑法》第25条之后关于共同犯罪参与人的分类及刑事责任的规定，基本上是依据这种类型设计制度的。这种类型的共同犯罪参与人，根据主从关系分配刑事责任。

从行为修正类型看，共同犯罪的参与人都是正犯，这种所有参与者都是实行犯的类型，其实可以进一步划分为两种形式。其一，是在实施基本规则规定的同一罪名时，构成共同正犯，这仍然是罪名共同的一种形式。在有其他共犯参与的情况下，整体上仍然属于罪名共同的结构。其规则结构仍然是 A+B=C 的修正类型。此时，可以无障碍地适用我国《刑法》第25条及之下规定的其他共同犯罪规则。其二，是正犯间实施的犯罪并不在同一基本规则规定的范围内，如张三、李四共同故意攻击王五，张三想杀人，李四想伤害，两人在故意违反刑法上，是共同的，在实施犯罪的攻击行为上是共同的，但各自触犯的基本规则及犯罪性质并不相同。根据我国《刑法》第25条的规定，仍然可以认定为共同犯罪，但适用第25条规定之下的规则却有困难。因为两者的罪质不同，罪刑规则的制度安排不同，没有罪名共同（有其他共犯参与）和罪名共同的共同正犯那样的可比性。又由于修正规则基本上都是构成性规则，是依赖规则本身运行的规则，难于像调整性规则那样可以依靠常识进行客观解释。因而，形成了制度上的"真空"。如何解决这个问题是未来刑事立法需要关注的领域。规范犯罪论的解决思路是，根据第25条规则，仍然认定为共同犯罪，但分别按各自触犯的罪名定罪量刑，又因为共同的故意犯罪，可考虑量刑时从重处罚。

与此有关的另一个问题是，刑法规定的身份犯在行为共同犯罪的情况下，比如公司、企业或者其他单位中，不具有国家工作人员身份的人与国家工作人员勾结，分别利用各自的职务便利，共同将本单位的财物非法占为己有的情况。我国有关的司法解释作出按主犯的犯罪性质定罪，在难于区分主从关系时，可以按贪污罪定罪的解释[1]。在规范犯罪论看来，用主从关系来决定犯罪的定性在共同犯罪的逻辑上有倒果为因的嫌疑。因为主从关系是一个只能放在可比较的"给定"条件下才有可能运用的关系，没有给定条件，主从关系没有比较的基础。换言之，只有在首先判定是否存在共同犯罪的前提下，主从关系才能进行分析判断。上述解释显然颠倒了逻辑次序。但在罪名共同的犯罪结构中这种解释勉强也说得过去。因为此

---

〔1〕 参见《全国法院审理经济犯罪案件工作座谈会纪要》《最高人民法院关于审理贪污、职务侵占案件如何认定共同犯罪几个问题的解释》。

时，共犯在犯罪的构成上从属于正犯。正犯是身份犯，共犯可以从属地构成身份犯上的犯罪。此时，共犯是否是主犯，并不影响身份犯（共同犯罪）的构成。如果主犯本身不是身份犯，但却起主要作用，正犯是身份犯但不起主要作用，按从属性理论，仍然构成身份犯上的犯罪。这时的主从关系与是否构成身份犯上的犯罪没有关系[1]。但在行为共同的结构中，这种解释却是令人困惑的。因为两类性质不同的犯罪，不具有可比性，主从关系没有共同的逻辑基础。尽管按照规范犯罪论的理论逻辑，这种不同罪质的共同犯罪仍然可以依据我国《刑法》第 25 条认定为共同犯罪，但分别评价更加合理。在共同犯罪中，"事实上"各人起到的作用大小，可以在各自的制裁规则运用中体现和反映出来，没有必要强扭在一起。两种类型的共同犯罪图示如下：

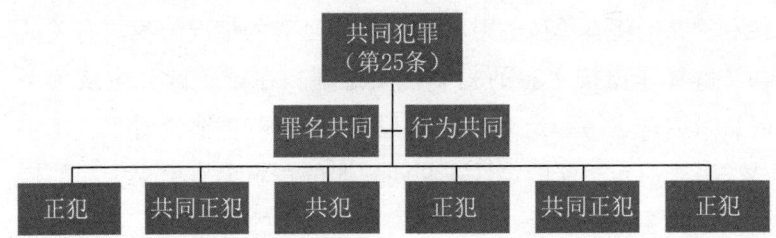

综上，行为修正类型与罪名修正类型是两种在共同犯罪的旗帜下不完全相同的类型，需要分别加以研究。行为修正类型

---

[1] 当今德国刑法理论上有所谓义务犯概念（与支配犯对应），将违反特别义务的犯罪视为正犯的一种新类型。比如，可用于解释身份犯在共同犯罪中的正犯性问题。这种改变正犯固有含义的解释虽有新意，但问题不少。其中，最主要的问题是让正犯概念有了更多的歧义。

用公式可表示为：A+B=C=A＊ & A＊。A代表是基本规则，B代表修正规则，C代表修正类型，A＊代表各自实施的基本规则。

这种共同犯罪的修正类型，仍然可以用规范犯罪论的理论逻辑梳理。一元论、二阶层、四要件的逻辑体系仍然适用。概言之，所有共同犯罪类型规定的犯罪，都是建立在规范行为这个一元论的基础之上。"无行为则无犯罪"仍然是理解犯罪的铁律。"无义务则无犯罪"同样是解释这一铁律的深刻信条。在二阶层、四要件的观察与分析中，因为修正规则的参与，出现了一些相应的变化。其中最主要的表现，就是产生了结构不同的，修正的犯罪类型。

从罪名共同类型看，二阶层一横一纵的结构，在纵的方面（表里结构），其形式结构仍然是义务违反性与构成要件该当性，只不过此时的类型化是变形的，是经过修正规则介入后，重新形成的新的犯罪类型（公式中的C）。义务规则体现在修正规则与基本规则两个方面，并由基本规则的内容加以确定。其构成要件同样因为修正规则改变了基本规则的构成指标，形成了修正的构成要件。该当这种修正的构成要件，即具有刑法规则的违反性。从深层结构看，修正类型的犯罪，因为整体的评价行为，所以各个参与者的行为仍然是侵害法益并且是有罪责的（尽管未必所有的人都参与了基本规则行为的实行）。否则，将他们规定为共同犯罪就不具有合理性。从横向看（前后结构），类型化地该当修正构成要件的行为，在竞争性利益与价值的博弈下可能发生最终评价上的改变。如果其中的参与者没有实施任何损害法益的行为（比如参加时就反对并脱离共同行动），或者没有罪责（被完全的欺骗，或者被绝对的物理强制），就应该从共同犯罪中加以排除。不能因为事实上参与了共同犯罪的过程，而将其认定为共同犯罪。

从行为共同类型看，如果共同实施的，是不同基本规则规定的犯罪（如前例张三、李四案）。此时，除了基于《刑法》第25条规定的共同犯罪的形式外，各人实施的罪行因为基本规则的品质，本身具备完整的二阶层、四要件的逻辑要素，完全可以根据规范犯罪论的逻辑进行审查。修正规则不过是将二人以上的故意犯罪，用共同犯罪的形式联系在一起。用规范犯罪论的理论逻辑进行这样的分析判断不存在任何问题。

两种共犯类型与规范犯罪论体系关系在类型化审查阶段图示如下：

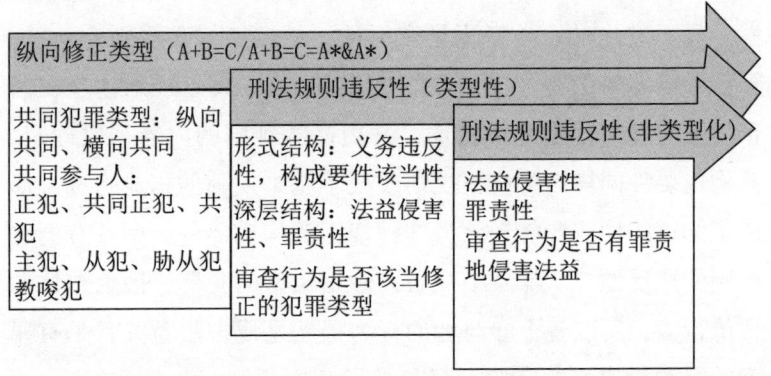

两种修正类型在非类型化阶段，仍然需要接受博弈性的非类型化查。只有在消除了法价值的矛盾后，才能对行为是否构成共同犯罪进行最终判断。

第三节　修正规则的构成要件

在规范犯罪论的术语中，构成要件是形式结构上刑法义务的指标化，在深层结构上是法益与罪责的指标化。通过构成要件这个概念，可以产生抽象的犯罪类型。当修正规则参与到基本规则后形成了新的犯罪类型，基本规则规定的构成要件是所谓基本的构成要件，修正规则规定的构成要件是所谓修正的构成要件。两种要件的组合，产生新的犯罪类型。满足这个新类型的指标，就是该当所谓修正的构成要件。换句话说，该当性是运用两组构成要件并在其新形式下就涉案行为作出的判断，该当修正的构成要件其实是指该当修正的犯罪类型。

在修正规则与基本规则简单结合而产生修正类型时，A+B＝C的公式可以处理修正类型的一般问题。但在某些复杂的情况下，比如，基本规则本身包含不同的罪行（结合犯、包容犯）或者派生规则或者附生规则参与（结果加重犯，及其他要素加重犯），再或者纵向（未完成）与横向（共同犯罪）双重修正的情况下，修正规则的该当性问题就异常复杂。传统刑法理论在这些领域有着大量的研究，深入地研究这些问题远远超出了本书的主题。规范犯罪论基于自身的理论逻辑，择其要者，对下述问题简析如下：

一、未完成形态+基本规则及其子系统

这是未完成犯罪的修正规则在基本规则及其子系统上竞合

下，产生的更复杂的行为模式，涉及异常复杂的问题。一是基本规则本身规定的行为模式可能并不单一，而是将若干罪行统一规定为一个罪名；二是基本规则之外，法条可能还规定了派生或者附生规则，此时，修正规则可能在基本规则或者派生、附生规则上形成未完成形态。当这些情形出现时，修正构成要件的该当性审查就是异常困难而复杂的。本书的主旨与篇幅都不足以深入讨论这些问题[1]。

从我国刑法规定的情形来看，基本规则包含若干罪行的情况，主要指包容犯。例如，我国《刑法》第446条规定的【战时残害居民、掠夺居民财物罪】，该条规定："战时在军事行动地区，残害无辜居民或者掠夺无辜居民财物的，处……"此处规定的残害或者掠夺，包容各种残害或掠夺范围内的罪行，烧、杀、抢、淫；偷、摸、拐、骗；强买强卖，寻衅滋事等，但概括地规定为一罪。对此，规范犯罪论主张，不需要对包容中的罪行进行修正规则的个别评价，只要包容犯中的一个罪行发生，就可以评价为实施了包容犯的行为。也就是说，整体上行为人只要实施了这些罪行，个别的罪行是否完整并不需要进行评价，一律按既遂对待处理。

派生规则中的问题主要涉及结果加重犯，规范犯罪论主张，加重结果出现，一律评价为既遂，即使基本规则的行为未完成。反之，基本规则的行为已经完成而加重结果并未出现，纵然行为人故意追求这样的结果，仍然一律适用基本规则，而不必考虑派生规则的修正形态，也不能适用派生规则。因为立

---

[1] 或将在以后专门探讨构成要件的著作中对这些问题继续探讨。

第七章 行为规则之修正规则

法把结果选择出来单独加重刑罚,只有"实害"的解释是合理的,既然没有实害,考虑是否未遂纯属多余[1]。

在附生规则中,处理的事项更复杂一些,立法选择的构成要件要素更加多样。有些甚至包含其他罪行,例如我国《刑法》第 239 条规定的绑架罪,该条第 2 款规定:"犯前款罪,杀害被绑架人的,或者故意伤害被绑架人,<u>致人重伤、死亡</u>的,处无期徒刑或者死刑,并处没收财产。"杀害或者伤害被绑架人的行为单独评价都是可以独立成罪的罪行,附生规则将这种行为规定为绑架罪的加重类型,形成事实上的包容犯。但与基本规则的包容犯不同。由于已经有了基本规则该当的行为,此时,附生规则又出现新的罪行,修正规则就有了适用的空间。杀害被绑架人的行为,可能既遂,也可能未遂,在既遂时适用这条规则当然没有问题,但未遂甚至预备、中止的情况下是否仍然可以适用这条规则?规范犯罪论的主张是可以适用,但不必适用我国刑法第 22 条及以下的未完成犯罪的修正规则。这是因为,此时作为要素选择的行为,是基本规则的附生规定,如果立法没有对特定要素——比如该款伤害被绑架人的下划线部分,作出专门的规定,行为本身就是该当附生规则的构成要件的,既遂可理解为是行为的当然解释。未完成仍然是行为的表现,其"未完成"并不妨碍对这一附生规则的适用[2]。而在"故意伤害被绑架人"的情况下,如果没有出现附生规则规定的实害(重伤、死亡)时,则不具有适用附生规

---

[1] 其他要素的加重犯同样如此,均以要素的出现与满足为适用该规则的条件,不需要再考虑要素本身是否未遂的问题。

[2] 当然,未完成的事实作为考虑量刑的因素仍然具有意义。

则的该当性。换言之，在行为人故意重伤但并未造成重伤或者死亡的情况下，这条附生规则不能适用，即使按《刑法》第22条以下部分可以"合理地"想象未完成的形态。

二、未完成形态+共同犯罪形态

这两种修正类型竞合，会产生更复杂的行为模式。共同犯罪的修正类型本身也有行为共同和罪名共同两种类型，当它们与未完成形态这种修正规则竞合时，需要分别研究。

罪名共同形态的未完成类型，因为基本规则的基础性，应由正犯的行为决定，共犯从属于正犯。正犯未遂（或者中止），共犯随之未遂（或者中止）。在共同犯罪整体地随正犯的行为完成"未完成类型"评价后，如何处理共犯的刑事责任？（此时，共犯可能享受制度红利或者承受制度包袱，前者对正犯中止，共犯未遂，后者对共犯中止，正犯未遂）对此，规范犯罪论的看法是，类型的该当性评价只受正犯决定而不受个别参与人行为的影响，但应该在刑事责任的框架内，区别对待。

在行为共同的情况下，应区分罪名同一与罪名相异两种情况处理。即触犯的基本规则相同（罪名同一），形成共同正犯的情况下；正犯之间的意志与行为冲突（比如甲想既遂，乙要中止，犯罪最终未完成），此时，由于犯罪整体上未完成，不可评价为既遂，但究竟属于未遂（相对甲），或是属于中止（相对乙）在规则上分析确实是个难题。因为这种情形不能像上一种情形那样，通过规则的基础性和结构性关系就可以确定从属关系。此时，由正犯决定实际上导致一种矛盾的状态。因为此时参与者都是正犯，各个正犯的（未完成形态的修正）行

第七章 行为规则之修正规则

为类型并不相同，彼此没有从属关系[1]，因此，从规则的关系上无法导出肯定或者否定性的结论。每一种选择性的结论，单方面看都有合理性[2]。对此，规范犯罪论从歧义解释的利益应当归属于被告人的原则出发，倾向于产生有利于被告人的结论，即认定为犯罪中止。同样，在解决参与人的刑事责任时，应当区别对待[3]。

在行为共同但所犯之罪基本规则不相同（罪名相异）时，根据我国《刑法》第25条的规定，仍然可以认定为共同犯罪。此时的未完成类型因罪质不同，基本构成要件不同，没有按同一罪行进行共同评价的基础。规范犯罪论主张单独评价，如前例张三想杀人，李四想伤害，在共同攻击王五的过程中，共同和各自实施了自己的行为，张三误认为王五已经死亡。此时，张三可以定故意杀人罪（未遂），李四可以定故意伤害罪。在前述身份犯各自利用自己的身份职务实施共同犯罪的情况下，在分别定罪量刑的同时，如果存在未完成形态上的冲突，也应单独地进行评价。

---

[1] 作用上当然可以有主从关系，但规则上却无。
[2] 当然，如果采共犯独立犯说，自然可以各自按未遂或中止对待。
[3] 用造成未完成的主从关系，判断类型也是一种技术方案。在主从关系明显时不失为一种解决办法，但主从关系无法判明时，又将陷于困局。因此，总体上不宜用这种方案解决。

第八章

容忍性规则与构成要件

本章将从排除犯罪构成的角度，讨论与入罪方向相反的刑法规则，这类规则就是容忍性规则。在价值上，这类规则导向排除犯罪构成。广义的容忍性规则还可以包括各种宽宥的事由，当它与禁止性规则冲突时，如何理解两者的关系，是刑法研究的重点。

第一节 容忍性规则

容忍性规则可以因规定方式上的差别，分为相对禁止规则的许可规则、相对命令规则的豁免规则，以及相对禁止、命令组合规则的（容忍性）组合规则。从事项功能区分（即对冲刑事违法的主客观结构上[1]），可以分为许可规则与容忍规则，前者指"可为"的规则；后者指"可恕、可宥"的规则。前

---

[1] 参见本书第五章。

第八章 容忍性规则与构成要件

者与权利有关,并通过权利义务关系的价值评价——法益关联,后者与面对侵害法益时的态度有关,并与体现主观义务的罪责关联。从法律关系上看,权利义务关系本身是法律需要确认与调整的对象。建构法律体系的目的就是保障法律上的权利义务关系,无论是行使权利,还是履行义务本身都是法律认可与保障的行为。换言之,这些行为本身具有肯定性的法价值,不可能评价为违法,或者犯罪。法律在处理这些关系时,分别用强行法规则与任意法规则,体现和表达这种权利义务关系。一切破坏这种关系的行为都是法律反对和禁止的,这些行为最终都会汇集到由禁止性规则体现的法律义务上。因此,一切违反法律的行为都是广义上违反禁止性规则的行为,犯罪是其中最为严重的形式。

但是,容忍性规则与禁止性规则的法价值相反,它允许、容忍、接受"法不禁止的行为",甚至鼓励、提倡、支持这种行为。这些行为可以一般地概括为法律规定的权利。

从权利的主体上看,又可分为属于社会(公民)享有的权利,和以国家为代表的公权力[1]。因为公权的性质与特点,涉及国家权力行使的规则往往又是权义复合的规则。

从权利的产生方式看,可分为创制的权利与认可的权利。前者是从无到有由立法机关创制的权利,后者是社会生活"自生自发"形成的权利。立法机关用法律的形式认可了这些权利,这些权利在规则上的表现就是构成性规则与调整性规则的分类。

---

[1] 亦可分为属于个人的权利、社会的权利和国家的权利三分法。在三分的情况下,社会法往往属于权义复合规则。

从权利的主客观结构上看，一些权利可以从实践结构的客观方面进行归类。授权性规则允许的行为都可以解释为一种权利，法益就是权利的客观标的。一些权利可以从实践结构的主观方面进行归类，比如意思自治。罪责的对立面其实就是一种（主观）权利，而罪责本身是刑法义务的主观标的。因此，刑法上的权利义务关系，通过侵害法益和有罪责的行为体现了犯罪的内在品质。不侵害法益和无罪责的行为不可能构成犯罪，导向无罪评价的容忍性规则就是因为不具有法益侵害性和罪责性在规则上的表现。

所以，理解容忍性规则的根本在于理解权利[1]。法治有一句十分精辟的格言——"法不规定即禁止，法不禁止即自由"，前者相对公权，后者相对公民权利。法律，形象地说，就是国家与社会（公民）之间的社会契约。国家用禁止性规则分配刑法义务，规范社会行为，形成罪的行为模式。用容忍性规则分配权利，同样规范社会行为，形成无罪（许可、可恕）或者减轻（可恕）的行为模式，通过权利义务的配置，调整刑事法律关系。以此解决罪与非罪、此罪与彼罪、罪的形态、罪的轻重等一系列刑法问题，所有的刑法规则都是为这一主题服务的。

但权利义务关系，可能因权利本位或义务本位发生配置上的巨大差别。以权利为本位的法律体系会把权利放在优先位置，义务是成就权利的手段，并以此创制、适用和解释法律。相反，以义务为本位的法律体系会把义务放在优先位置，限制

---

[1] 以及虽然不能严格地视为权利，但在价值上至少能够容忍或接纳的事物，比如自杀，或者因年幼、疾病而不进行犯罪评价。

第八章 容忍性规则与构成要件

权利的行使。刑法解释，特别是正式解释与这种法律背景高度相关，是所有刑法学的研究者必须洞察的。

"法不禁止即自由"是权利的品质，这一品质决定了凡是法律没有明确禁止的行为公民都可以自由地选择，做或者不做，悉听尊便。国家在公民作出自己的选择时，负有尊重、保障甚至创造条件成就的义务。具体到刑法上，由于刑法的实体性规则是以犯罪为调整对象，是由禁止性规则体现和表达的。换言之，这是一种义务规则，它为公民设定了各种消极的、积极的以及混合的法律义务。原则上，在禁止性规则面前，公民是不享有权利的。但是，正如在法律关系中权利义务的实践结构是统一的那样，权利在两个方面，隐藏和显现于刑法之中：一方面，它以法益的方式成为犯罪构成的逻辑要素。犯罪所损害的法益正是刑法所要保障的法益。通过法益概念，将保护与损害在犯罪评价上统一起来。法益成为权利的标的和隐藏的表达[1]。另一方面，当行为人在公力救济不方便或者不可能的情况下，以私力救济的方式维护和保障权利又是必需的。这时，国家会赋予公民自力救济的权利。这些权利是正当防卫、紧急避险的法理基础。其他基于公民意思自治的权利，可能构成排除犯罪的正当化事由，比如，被害人同意、承诺等。

此外，国家工作人员依职权采取的执行法令、命令、履行职责等行为，也会因公权力的行使获得正当化理由。类似地，凡是在法益上能够获得正当性评价的行为，比如义务冲突，正

---

[1] 在另一方面，损害法益又是违反刑法义务的标的。因此，它是一个反映权利义务关系的综合概念。完整地说，法益其实是法律调整的权利义务关系的价值标的，在维护这种关系面前，所有人负的法律义务。

当职务或业务行为等，都会因为行为的正当性获得广义上权利的属性[1]，成为正当化理由，这些事由组成了传统刑法理论上所谓"超法规的正当化事由"（或阻却违法事由）。

更准确地说，由权利义务组成的法律关系及其法律秩序整体上具有社会的肯定价值。维护这种法律关系与秩序是所有法律的共同目标，刑法也不例外。法益可以理解为这些关系的标的，履行义务与行使权利都是法价值肯定的。对犯罪而言，有罪并不是因为自己履行了义务，而是违背了刑法义务的要求。这些要求转化在规则上，就是违反了各种禁止性规则。相反，行使权利本身是法律保护的价值。只有滥用权利的行为才会发生行为性质的转化。当权利的边界被突破时，义务会随之而来，这也是权利义务的统一在法律上的表现。但就权利本身而言，行使权利与违法或者犯罪无关。在规则上的许可意味着所许可的（权利）具有肯定性价值，或者至少在价值上是中性的（比如自杀既不能说是一种权利也不能说违法），不能在法益上作为负面的价值评价。因而，不能将这类行为评价为违法，更不能评价为犯罪。

如果可以把法益放在权利义务的客观结构观察理解的话，那么，罪责恰好是这种结构在"态度上"的反映。可以视为权利义务关系在主观结构上的标的。它表明行为人在行为时，没有履行自己在主观上的刑法义务。在态度上是背离刑法要求的，其认识和意志是错误的，其态度是不可接受因而是可非难、可指责的。因此，罪责是指态度的不法。如果行为人在行

---

[1] 权利在法理上是一种正当性的利益，一切正当性的利益与价值都可以理解成广义的权利。

为时没有认识与意志的可能性，没有背离法律期待，或者没有意志选择的自由与可能。换言之，没有违反刑法分配的义务（包括滥用自己的主观权利转化而来的义务），那么，会因为行为人没有责任，其行为导向无罪，这是一切罪责上排除犯罪事由的法理基础。在不能排除的情况下，也会因为态度上的反规范程度（主观面）有一些可以理解、接受的理由，获得"宽宥"的对待。这些就是减免罪责及其刑事责任的各种事由的法理依据。

在刑法上，立法者通过制定刑法，将这些刑事上的权利义务分配下来，形成各种类的禁止性和容忍性规则，组成刑法规则的体系。禁止性规则承载刑法义务的分配，容忍性规则承载国家认可的权利。这些权利义务的标的，客观面由法益来表达，主观面由罪责来表达。两类规则由于价值导向相反，直接决定了（罪与非罪）行为评价。

容忍性规则以权利为背景，这一点与授权性规则相同，但这种规则一般不是单纯地规定权利，在刑法上，这类规则总是与罪的评价、与罪的轻重有关，在规则层面就是处理与禁止性规则的冲突。它往往意味着，可以用这种规则对冲相反的禁止性规则，改变因禁止性规则产生的法律评价。

第二节 容忍性规则的构成要件

在传统刑法理论上，容忍性规则的构成要件是分两个步骤处理的。在三阶层理论中，由违法性和有责性两个步骤解决。在二阶层理论中，分别作为不法与罪责的消极或者排除要件解决。由于传统理论的系统性错误，并没有把问题说清楚。

规范犯罪论是从规则而非构成要件研究分析刑法的，构成要件只是规则的一个方面。在禁止性规则上，构成要件指的是义务违反的指标化、类型化。其深层结构是侵害法益与罪责，同样，经由构成要件的指标化，这里的法益侵害与罪责都是类型化的。

容忍性规则因为权利的品质，与义务类的禁止性规则大异其趣。因为国家在权利面前负有尊重和保障的义务：尊重，意味着国家不得对公民的权利行为任意干涉；保障，意味着国家负有制止他人干涉和创造条件帮助其实现的义务。这与禁止性规则规定公民的强制义务大不相同。因此，在思考容忍性规则的构成要件时，需要始终保持权利的逻辑，并在一般情况下，放宽容忍性规则的构成要件（或者相反的——即滥用权利转化为义务时收紧入罪的约束条件）。

对此，我们从"许可"与"可恕"两种容忍性规则的角度进行分析：

"许可"规则是法益冲突时典型的权利规则，行使权利的指标（法律要素）构成这种规则的构成要件，这是一种法价值上肯定性的要件。以我国刑法规定的正当防卫为例。从我国《刑法》第20条的规定中，可以归纳出防卫对象、起因条件、时间条件、主观条件和限度条件等构成要件。在满足这些条件的情况下，行为人可以实施正当防卫。如果因此造成不法侵害者的损害，只要在限度条件允许的范围内，都是合法的，行为人的行为不构成犯罪。由于行为的权利性质，在理解这一制度时，是从权利的逻辑进行判断与思考的。也就是说，不需要像

第八章 容忍性规则与构成要件

"入罪"逻辑那样考虑刑法的谦抑性，只要行为人在自力救济需要和方便的情况下，行为人选择了损害不法侵害者的方法制止不法侵害，原则上就是允许的。除非行为人明显地滥用权利——用该条第2款的规定表达："正当防卫明显超过必要限度造成重大损害的……"才能转化行为的性质，构成防卫过当，这种规定正是照应了权利的需要。在解释风格上，权利的行使条件需要放宽，约束性条件需要收紧。约束条件过于严格是我国正当防卫制度在实践过程中差强人意的主要原因，亟需在观念上改变过来。

从"许可"模式的规则结构上看，这也是一种体现规范意义的双层结构。形式结构可用公式表达为：权利+构成要件。深层结构是体现权利客观标的的法益与体现权利主观标的的主观正当化要素。这种要素在传统刑法上鲜有讨论。或许，可以借鉴"意思自治"这个概念（或者主观权利）。它意味着，在态度层面，行使权利属于行为人的自由，国家不得干涉。从态度的意义上说，就是解决在权利义务冲突以及深层结构的法益冲突的情况下，行为人对"这个事情"的认知与选择在态度上无可指责。他"故意"实施的行为，在规则允许的范围内（比如正当防卫），即使在心理事实上就是希望摧毁对方，这种态度仍然应该被评价为正当（即既没有故意罪责，也没有过失罪责，虽然其行为完全是故意的）。

从"可恕"模式看，容忍性规则是从权利的另一个方向（主观权利）对那些不具有滥用主观权利的行为人进行保护。在刑法理论传统上，用责任主义对这种情形进行表达。当一个行为损害法益时，如果行为人没有罪责，无论是因为年龄、精神疾病、意外事件、不可抗力或者其他原因，都会因为不具备罪责性，而从犯罪构成中排除。此时的责任是自由的另一种表达，没有精神的自由，也就没有所谓责任。罪责是滥用精神自由（权）的一种归类。表明行为人在行为时，在可以选择守法和违法时竟然选择了后者。因此，在态度上是可指责的。

　　刑法在处理"可恕"模式时，同样也是形式与深层双结构的模式。形式结构上，规定了包含精神权利和构成要件的制度。如我国《刑法》第16条规定的意外事件、不可抗力，第17条到第19条涉及责任年龄、责任能力等规定[1]。这些制度安排，通过划定构成要件指标，将无罪责的情形处理掉。在类型化的意义上，用构成要件的不达标的方式，否定罪责的（潜在）逻辑（即理性人、道德主体的假设）条件。深层结构上，假定了行为侵害法益但无罪责。这一点，与许可模式在犯罪审查上的次序不同。可恕是指在逻辑上已经侵害了法益的情况下，因为行为人精神上无可指责。即使不能从纯权利的角度解释这种现象，但至少在精神的意义上非难这样的行为是不可接受的（比如绝对的禁止性错误、期待不可能）。因此，此种精神状态下的行为归于无罪。

　　总之，容忍性规则的构成要件，因为权利品质，在规则允许的范围内，宜于放宽行使条件，收紧约束条件，充分体现国家对权利的尊重与保障。

---

　　[1] 责任的逻辑前提是理性人假定，即假定所有的自然人都是理性的自由人，能够依据自己的理性对行为作出选择。如果事实上因为缺乏必要的理性，则可能影响责任的评价。至于哪些阻却责任，哪些减轻责任取决于立法的规定，更深入地取决于社会对这种精神现象的理解与评价。

但是，对于由国家工作人员因行使职权，履行职责获得正当性理由的行为，因为大都属于权义复合规则，需要用"法不规定即禁止"的法律逻辑进行规制与思考。其行使职权和履行职责的活动，虽然也能获得容忍性规则的支持，但法律要件应该更加严格。解释风格与纯粹属于权利属性的上述要求正好相反，即行使条件的解释宜于收紧，约束条件更加刚性，以此防止他们滥用职权。

第三节 容忍性规则与禁止性规则的关系

刑法在入罪方面全都是违反禁止性规则，在出罪方面，全都是容忍性规则，这是法律上权利义务关系的必然反映。作为调整犯罪，解决实体问题的刑法必须处理涉及罪与刑的法律关系。处理好权利的保障与义务的敦促，对滥用权利和不履行义务的行为进行责罚。容忍性规则与禁止性规则就是解决这些问题的制度形式。

同时，刑法作为国家法律体系的补充法与保障法，还会将自己的触角延伸到整个法律体系之中。需要处理"入罪"方面的二次法问题（即传来规则），从容忍性规则的角度，其实也需要处理其他法律的权利性、权义复合性等规则。尽管这些规则本身不是刑法而是其他法律，但在刑法纳入二次规则时，这些规则可能起到排斥作用，产生否定纳入传来规则的效果。这方面的刑法研究鲜有专门的讨论，是研究二次法时必须补充进来的视角。在我国刑事司法实践中，有相当数量刑民交叉（或者行政与刑事交叉等）的案件。选择性司法的结果是，欲入罪时选择禁止性规则，欲出罪时选择容忍性规则，造成了相当严重的问题。这些问题需要从程序与实体各个方面进行深入的研究，限于本书的主题和篇幅，仅就两类规则的基本法律关系，作以下探讨：

如前所述，法律体系的权利本位或是义务本位会对刑法的创制、适用和解释产生重大影响。权利义务关系也会因此发生不一样的配置，但权利义务关系本身有自己"质的规定性"，总体上需要两者是平衡的。对当代社会来说，权利本位是潮流，义务是成就权利的手段，为权利服务。因此，当权利与义务发生冲突时，权利具有一般意义上的优先性，可以对抗义务的要求。

在广义权利的谱系中，属于公民的权利和属于以国家为代表的职权、权力之间又有着重大的区别。社会通过法律（公法与私法）将各自拥有的权利"群己权界"。在刑法上，就是通过罪刑法定原则，一方面约束国家的刑罚权，另一方面约束公民滥用自由。当国家工作人员在履行职务的过程中徇私枉法、滥用职权、玩忽职守或者实施了刑法禁止的行为时，也规定了相应的犯罪化模式和刑事责任。从容忍性和禁止性两方面观察，在权力的背景下，容忍性规则既有权力的属性，又有职责（义务）属性，是一种权义复合的规则。从权力属性上讲，只要按照权力合法规定的范围与方式使用，这种行为就应受到国家法律的保护，相对人负有配合和忍受的义务，严重妨害公务的行为会成为罪行。从职责的属性上讲，不作为或者乱作为，也会因为背离职责的规范要求转化成各种罪行。此时，原初的（一次法）容忍性规则因为增加的义务维度，相对公民权利，

第八章 容忍性规则与构成要件

有着更严格的要求。需要用"法不规定即禁止"的逻辑思考,在自由裁量的情况下,需要用严格的比例原则进行判断,绝不允许不择手段地达到目的。但是,在这个方面,我国刑事司法的实践是令人失望的。总体上形成了对公民的要求严格(比如正当防卫、紧急避险司法实践),而对国家工作人员实施的滥权行为尺度过宽(比如实践中大量存在的非法关押、刑讯逼供、强制拆迁等)。一些明目张胆的罪行几乎天天都披着合法的外衣上演,这些问题需要整个刑法学界深思。如果有些问题涉及深层次的体制问题无法解决的话,至少在规则与运用规则层面需要找到解决问题的技术方案。

然而,如何解决容忍性规则内部的价值排序,以及如何解决容忍性规则与禁止性规则的冲突,并不是一个容易的问题。这个问题需要专门研究。规范犯罪论提出以下命题,供学界同仁继续探讨:

命题一,在同样的法律层级上,权利规则内部的冲突,(比如紧急避险),在价值可比时,价值高者获得优先,在价值不可比时,由法官"衡平"。

命题二,在同样的法律层级上,容忍性规则中的权利规则与权义复合规则冲突,适用"法不规定即禁止,法不禁止即自由"的原则。优先尊重人权、限制国权。

命题三,在同样的法律层级上,容忍性规则中的权义复合规则冲突时(比如甲乙两机关各自决定抓捕A),因涉及国家机关的职能分工和国家工作人员的职责、职权,一般由刑事诉讼法、行政法律或者其他公法按相关的程序和逻辑解决。只有当这种依职权行使的行为与刑法的禁止性规则冲突时,可适用命题二提出的规则。

命题四，在同样的法律层级下，权利规则优于义务规则。权义复合规则优于义务规则。

命题五，在同样的法律层级下，义务冲突时，如果行为人不能两全，必须选择履行一个义务放弃另一个义务。此时，两个义务如果价值可比，则价值高者获得优先，不可比时，由法官"衡平"。

当然，如果容忍性规则与禁止性规则的法律层级不同，情况就更加复杂。虽然我们有"下位法服从上位法"的原则，但如何给出解决问题的技术方案仍需深入研究。

第四节　容忍性规则的有无类型与宽宥类型

"许可"与"可恕"规则，分别从客观与主观两个方面规定了行为人因权利而产生的价值肯定性（可接受性）。在正当行使权利的过程中，因权利规则的优先性，可以排除禁止性规则的适用。但任何权利的行使都不是无条件的。有些行使权利的行为并不符合规则的规范要求，可能从合法演变成为非法，比如正当防卫过当、紧急避险过当。在罪责层面，某些无罪责的事由导向无罪评价；某些态度虽然最终评价为有罪责，但可能存在一些可宽宥的情节，比如认识错误、期待困难、年龄、疾病等。在这些情况下，可恕规则虽然不能排除犯罪构成，但可以轻缓行为人的罪责。获得相对较轻的罪刑配置和司法适用。如我国《刑法》第17条第3款规定："已满14周岁不满18周岁的人犯罪，应当从轻或者减轻处罚。"第18条第3款规定:"尚未完全丧失辨认或者控制自己行为能力的精神病人犯罪的,应当负刑事责任,但是可以从轻或者减轻处罚。"这些就是基于未成年和疾病规定的"可恕"规则的立法适例。

因此,可以将容忍性规则根据价值导向罪的有无和轻缓分为两种价值类型:一是涉及罪与非罪的有无类型;二是涉及罪行轻缓的宽宥类型。

有无类型的容忍性规则,在规则权利的范围内,行为的价值导向无罪。这类规则在我国《刑法》中有明确规定:第16条【不可抗力和意外事件】、第17条关于"不满14周岁不作犯罪评价"的规定、第18条关于"精神病人在不能辨认或者不能控制自己行为的时候造成危害结果,经法定程序鉴定确认的,不负刑事责任"的规定、第20条关于正当防卫的规定和第21条关于紧急避险的规定。

刑法没有明文规定的其他正当化事由(同意、承诺、职务、业务行为、执行法令、义务冲突等),从权利品质上思考(法不禁止即自由),法理上是可以进行入罪与非罪的审查评价的。如果行为综合评价为是一种正当的行使权利(职权),没有侵害法益或者没有罪责,符合社会肯定的价值规范,行为仍然可以和应该导向无罪。

宽宥类型的容忍性规则,因为有权利的基础与背景,虽然不能阻止对行为的犯罪化评价,但可相对轻缓地规定罪行的刑罚配置。这种规则,较常见地存在于刑法有关制度之中,比如,我国《刑法》关于防卫过当、紧急避险过当的规定;前述我国《刑法》的第17条、第18条和第19条关于【又聋又哑的人或盲人犯罪的刑事责任】的规定等。[1]

在刑法明文规定的宽宥规则之外,也有大量因权利行使的瑕疵(无论形式与内容,主观面与客观面)不能被认定为可以排除行为的犯罪性,但毕竟发生于权利的场域,有可宽宥的情形。比如期待困难,认识错误,被一定程度的欺骗、操纵等。这些情形需要司法审查时,由法官衡平地处理。

容忍性规则的结构图示如下:

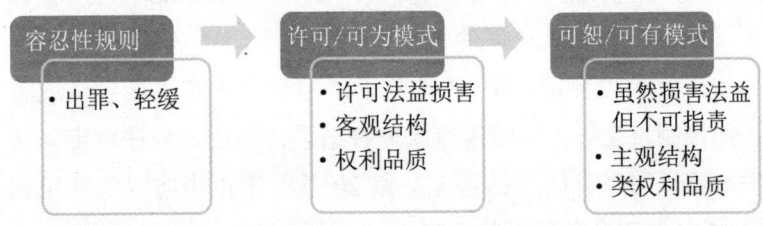

容忍性规则的价值类型图示如下:

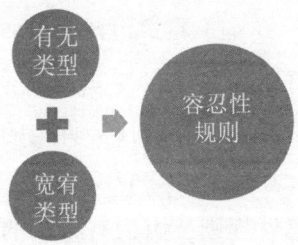

---

[1] 基于权利的宽宥和基于罪行本身的宽宥在刑法配置上外观相同,例如我国刑法在未完成形态、共同犯罪等修正类型中处理预备犯、未遂犯、中止犯、从犯、胁从犯、教唆犯等问题时,也有基于罪行本身设定的宽宥规则。在刑事责任领域,也有基于刑事责任和刑事政策需要的宽免规则。这些规则外观上与宽宥类型的容忍性规则相同,但成因与基点不同。

第九章

刑法规则的运用与观察

这一章将运用此前关于刑法规则的观点与方法，以一些经典案例为样本，观察规范犯罪论理论体系在这个环节的运用。案例以张明楷教授在《犯罪构成体系与构成要件要素》一书中讨论的部分案例和百度文库上流传的张明楷教授经典案例为样本，选择其中有关的部分，分组讨论。[1]

第一节 刑法规则中行为模式的案例与分析之一

这组案例是以分则中行为模式特别是基本规则为主要案例的分析与观察。

一、交通肇事（逃逸）案。基本案情：甲超速驾驶，将三行人撞成重伤，但甲胆子较小，未敢逃逸，也未实施任何救助

---

[1] 参见张明楷：《犯罪构成体系与构成要件要素》，北京大学出版社2010年版，第20页。

行为,而是直接留在原地。幸好有周边群众报案,三人才被救助存活。该案的参考答案是,构成交通肇事罪,适用交通肇事逃逸规则。理由是"逃逸"可以解释为不救助被害人。对此,分析如下:基本规则部分无异议,逃逸部分涉及派生规则。派生规则是基本规则基础之上的,因行为关联或者程度轻重形成的结构性规则,用于解决基本规则调整的行为发生变化后的行为规制。从《刑法》第133条后半段规定的逻辑看:"交通运输肇事后逃逸或者有其他特别恶劣情节的,处3年以上7年以下有期徒刑;因逃逸致人死亡的,处7年以上有期徒刑。"这里,逃逸与其他特别恶劣情节并列规定,逃逸致人死亡单独规定。表明逃逸不是单纯的程度要素,而是包含程度的行为要素,甚至首先是行为要素。从规则的形式角度来,逃逸行为违反了禁止规则,属于违禁犯。禁止规则设定的行为义务是消极义务,违反这种规则的实践结构是作为。行为人在交通肇事后只需要遵守该条款项下的消极义务即可。逃逸是一种作为形式的犯罪。甲在肇事后并未实施任何作为的逃逸行为,如何解释为可适用这条规则?从深层结构上看,逃逸的法益侵害性与罪责性要高于未逃逸的程度,因为这种行为会符合规律地放大交通肇事的危害,这也是加重法定刑的理由。单纯地不救助行为虽然一般说来比救助可能造成的危害更大[1],但不救助与逃跑无论性质与程度上都有巨大差别,将这种不作为上升为规则明确禁止的作为是否太任意了?考虑到交通肇事的背景,将不作为解释为逃逸的另一种形式将是灾难性的。

---

[1] 其实不科学、不合理地救助未必比不救助造成的危害更小。

二、盗窃案。基本案情：甲溜进乙家，发现客厅上的一部手机（价值2000元），甲非常喜欢，于是将3000元放在客厅并留下纸条：哥们你没亏，还赚了1000元。问题，甲的行为如何定性？参考答案是，构成盗窃罪（既遂），认定盗窃数额2000元。对此，点评如下，上述分析只看到盗窃罪的形式结构，即违反禁止规则和符合构成要件。但没有看到刑法规范的深层结构，作为比较典型的调整性规则，盗窃罪的判断来源于生活，是人们对"行为无价值"（即取之无道）和"结果无价值"（完全破坏产权）的一种经验性评价。盗窃从来没有交易的商业逻辑，更不会溢价交易，上述分析混淆了侵权行为和犯罪行为的界限。

三、诬告陷害案。基本案情：公务员甲离婚后一直对前妻乙怀恨在心，某日，甲以普通民众身份诬陷乙的盗窃犯罪事实，并亲自前往公安机关进行告发，但并未表明自己的公务员身份。本案中，甲的行为构成诬告陷害罪无疑义，问题是，是否需要《刑法》第243条第2款："国家机关工作人员犯前款罪的，从重处罚。"参考答案是不需要。理由是，这里规定的"国家机关工作人员"是违法身份而非责任身份。本案中甲并未利用自己的国家工作人员身份，所以，不需要适用这条规则处罚。对此，点评如下：这是对派生规则的任意解释与误解。该条派生规则是典型的身份选择规则，其刑事责任的配置直接与身份选择相关，是一种因身份而从重处罚的罪刑规则。将违法与责任身份区别对待，是误解犯罪结构的理论[1]。在规范

---

[1] 对此，可参见陈孝平：《规范犯罪论》，法律出版社2019年版，有关章节对以德国、日本为代表的传统犯罪论的批评。

犯罪论看来，法益与罪责是规则的深层结构，内在于规则之中。派生规则是由基本规则提供基础的，也就是说，在这个阶段，违法身份与罪责身份是统一的，不仅如此，义务身份、构成要件主体身份在这个阶段都统一于刑法规则之中。派生规则选择国家工作人员身份进行单独规定，是从重处罚的唯一理由。本案中的甲应适用第2款，从重处罚。

四、巨额财产来源不明案。基本案情：无业人员甲通过各种途径赚了许多钱，座拥多处房产。后来，甲通过了公务员考试，成为一名公务员。就在甲要晋升职务时，被人举报有巨额财产。相关部门对甲展开调查时，甲不能说明自己这些财产的来源。现可以肯定的是，甲的这些巨额财产来自于自己当公务员之前。问题是，是否构成巨额财产来源不明罪？参考答案是构成。理由是，该罪的实行行为是国家工作人员被责令说明财产来源时不能说明自己的财产来源，本案中甲既然是公务员就有义务汇报自己的财产来源，否则，可成立本罪。对此，点评如下：如果已经可以肯定甲的巨额财产来源于当公务员之前，那么甲能不能说清楚都与本罪无关。因为，我国《刑法》第395条【巨额财产来源不明罪】是这样规定的："国家工作人员的财产、支出明显超过合法收入，差额巨大的，可以责令该国家工作人员说明来源，不能说明来源的，差额部分以非法所得论，处……"从规则的形式上看，这是一条命令规则，赋予行为人积极义务。也就是说，在"责令"发出后，行为人有义务对自己的巨额财产来源进行说明，行为人不作为——包括拒绝说明和说不清楚来源，差额部分以非法所得论。该罪在构成要件上的特征偏向于形式犯，即只要满足法条规定的形式要件，犯罪就可构成。这类犯罪的特点是不需要再深入考虑特定的法益损害，只要查明义务规则并符合构成要件就可认定。但由于该罪的犯罪构成极其特殊，近乎证据规则的举证责任倒置，因此，需要从规范义务的深层结构观察。在法律逻辑上解释清楚为什么在"说不清楚的"情况下，差额部分以非法所得论。法条尽管没有规定"担任国家工作人员期间"的时间限制与表述，但可以解释为针对公职人员在这期间的收支反差的反向要求。由于该罪是放在贪污贿赂罪一章的罪名，因而，类法益上，是与国家职能活动、国家工作人员的职务廉洁性有关的犯罪。而行为人取得公职身份不是自然取得的，也不是永远具有的，因此，期间是核心的要素。只有在拥有身份的期间，收支的反差才有可能与国家公务员的职务廉洁性发生关联。因此，甲在成为公务员之前积累的财富，既与国家的职能活动无关，也与国家工作人员的职务廉洁性无关，不可能纳入这类犯罪的规制与评价。尽管文义上参考答案的解释也可成立，但从深层结构上观察，这种解释是荒谬的。如果可以肯定财产的形成与甲的国家工作人员的身份与工作无关，这条规则在逻辑上就没有适用的前提与基础。

五、滥用职权、玩忽职守案。基本案情：某局长A一次滥用职权，造成个人财产直接经济损失8万元，一次玩忽职守，造成个人财产直接经济损失12万元。根据我国有关司法解释的规定，前者造成个人财产直接经济损失10万以上，后者15万以上应当追诉。问题是，对A的行为如何定性？参考答案是A的行为构成玩忽职守罪，其造成的直接经济损失是20万元。理由是，玩忽职守罪是过失犯罪，滥用职权罪是与之相对应的故意犯罪。由于故意与过失是位阶关系而非对立关系，亦即可以将故意评价为过失，而不能将过失评价为故意。故 A 的行为可以被评价为玩忽职守罪，损失数额为 20 万元。对此，规范犯罪论的分析如下：A 的行为在两罪对应的罪名下属于违法但无罪的情形。因为根据我国《刑法》第 397 条基本规则后半段〔1〕的规定和为此作出的司法解释，A 的两次行为单独看都达不到犯罪构成的标准，不符合严格的罪刑法定要求，不能认定为犯罪。但将两个行为与法条和罪名的关系联系起来观察，能否合并或者择一地定罪处理呢？这涉及一系列复杂而极具挑战性的问题。

首先，我们来看一下《刑法》第 397 条【滥用职权罪；玩忽职守罪】法律条款："国家机关工作人员滥用职权或者玩忽职守，致使公共财产、国家和人民利益遭受重大损失的，处 3 年以下有期徒刑或者拘役；情节特别严重的，处 3 年以上 7 年以下有期徒刑。本法另有规定的，依照规定。

国家机关工作人员徇私舞弊，犯前款罪的，处 5 年以下有期徒刑或者拘役；情节特别严重的，处 5 年以上 10 年以下有期徒刑。本法另有规定的，依照规定。"这里，第一，从基本规则观察，涉及两个类型（同时也是两个罪名：滥用职权罪、玩忽职守罪），第 1 款的派生规则完全一样（第 1 款的下划线部分）。第 2 款的附生规则，以及建立之上的第二层级的派生规

---

〔1〕 我国《刑法》第 397 条【滥用职权罪；玩忽职守罪】第 1 款 国家机关工作人员滥用职权或者玩忽职守，致使公共财产、国家和人民利益遭受重大损失的，处 3 年以下有期徒刑或者拘役；情节特别严重的，处 3 年以上 7 年以下有期徒刑。本法另有规定的，依照规定。

第九章 刑法规则的运用与观察

则（即第 2 款的下划线部分）也是完全一样。两款的尾部（即中划线部分）是一条涉及法条竞合或罪行转化的附生规则。

从法条规定的内容看，两个犯罪除了罪名不同外，其他规定完全相同，它们共处一个法条之中。从两个罪名下的刑法规则形式观察，两个罪名都是混沌的组合规则，作为与不作为可以分别或交织着发生。在构成要件上看，国内刑法学界一般认为其他方面两者并无不同，差别主要体现在主观要件上，滥用职权是故意，玩忽职守是过失。这种区分是否合理暂且不论[1]，即使按这种理解，用故意与过失的位阶关系处理上述案件也是不合适的。因为故意与过失只是构成要件和罪责的要素（在欧陆阶层理论的体系下），并不是犯罪类型的完整结构，它们必须与犯罪类型的其他要素结合起来才能形成完整的犯罪类型。因为玩忽职守是过失犯罪，滥用职权是故意犯罪，而用前者包含后者提出上述参考答案的解决思路是牵强的。但在两者的法律条文同一和刑法规范的深层结构中，却可能找到解决问题的办法。从两者法律条文同一的角度，我们可以断定，两者侵害的法益相同。否则，不可能放在一起，而且其他规定完全相同。除了法益相同外，找不到其他更合理的解释。从法益相同，行为特征不同上看，根据我国刑法处理类似问题的作法[2]，则

---

[1] 规范犯罪论认为，两者既可以是故意违反混沌组合规则的，也可以是过失，甚至是故意与过失的混合形态。造成重大损失部分，如果视为罪过要素，两罪宜于评价为过失犯罪，特别是与第 2 款徇私舞弊罪比较的话，如果视为客观的处罚条件，则属于构成要件的要素。无此，不构成犯罪。但与罪过无关。

[2] 比如我国《刑法》第 125 条【非法制造、买卖、运输、邮寄、储存枪支、弹药、爆炸物罪；非法制造、买卖、运输、储存危险物质罪】，法益相同，行为不同，可以选择或者概括地定罪。

可以把两个罪名视为选择性罪名。行为人实施一种或者两种犯罪，可以选择或者概括评价。当单独评价不足以构成犯罪时，可对行为进行概括地评价。这种解释可能与我们习惯的罪名分类不同，但更合理。因此，本案可以定滥用职权、玩忽职守罪，造成的重大损失为20万元。

第二节　刑法规则中行为模式的案例与分析之二

这一节，将联系总则部分的概念与制度规则，结合分则规定的罪刑规则，从行为模式的角度，对以下案例进行分析。

一、投毒杀人案。基本案情：甲误认为乙想毒死自己的老公，于是将毒药谎称普通药物交给乙。乙认为该药物具有疗效，于是给老公服了此药，老公死亡。问题是，甲的行为如何认定？为什么？参考答案是，甲成立故意杀人罪的帮助犯。理由是，依共犯限制从属性说，共犯只是从属正犯的符合构成要件的违法行为，即使没有正犯故意，以帮助故意实施帮助行为的人，也就应该认定为帮助犯。对此，点评如下：根据我国《刑法》第25条规定："共同犯罪是指二人以上共同故意犯罪。二人以上共同过失犯罪，不以共同犯罪论处；应当负刑事责任的，按照他们所犯的罪分别处罚。"本案中甲乙两人在"事实层面"合力实施了杀人行为，但两者是否存在共同犯罪的关系，需要根据第25条的规则与第232条的规则加以确定。如果乙的行为不构成故意杀人罪，修正规则便没有修正的基础。也就是说，两者在规则层面没有交融形成修正类型的机会与可能。甲乙之间不可能形成共同犯罪关系。按照规范犯罪论的理论逻辑，只有在形成修正类型的情况下，分工概念才有运用的机会与前提。甲自己误认为乙想杀死老公，并欺骗乙实施上述行为，两者之间既没有共同故意，也没有共同行为，不构成共同犯罪，乙其实是被甲利用的工具，甲应单独构成杀人罪，属于间接正犯。

二、另一个相关案例，基本案情：甲生性暴躁，成天在家里嚷嚷要杀死自己的仇人乙，但从未付诸实施。甲15岁的儿子丙受此"熏陶"，决定"为父报仇"，并买来了杀人工具。甲虽然知道此事，但并未当回事，认为小孩子不会惹出大麻烦。后儿子果真将仇人乙杀死。问题是，甲的行为该如何定性？为什么？参考答案是，甲成立不作为的故意杀人罪，系帮助犯。理由是甲的行为客观上引起了丙的犯意，丙事实上也实施了犯罪行为，如果能够认定甲因为先行行为而产生阻止义务，虽然不能认定不作为的教唆犯，但可以认定不作为的帮助犯。对此，点评如下：甲丙之间是否存在共同犯罪关系本身是有疑问的。丙的行为构成杀人罪是没有问题的，但甲与丙之间是否存在共同犯罪关系需要用《刑法》第25条的修正规则进行衡量。这里涉及甲是否有"杀人的故意""共同杀人的故意"，以及是否有"共同杀人的行为"。甲的行为表明他有杀人的想法，或者说情绪，但在行动上从未付诸实施。这足以表明这种所谓的"故意"是情绪化的生活方式或人格缺陷，不具有杀人罪的罪责性。在丙已经买来杀人工具，甲知道此事但并不相信儿子会真的去杀人因而未采取任何行为阻止此事的发生，从共同故意的角度，可以非常确定地判明甲并无与丙一起杀掉乙的共同故意。从行为上看，甲实施了什么"杀人"行为？除了成天嚷嚷要杀掉乙外，他什么都没有做。这种行为固然对丙的选择有影响，但他既没有教唆丙这样做，也没有帮助丙这样做。教唆与帮助在词义上都是作为，但在规则上确实可能与命令规则发生关联，形成不作为的形式。但不可能构成真正的不作为，因为刑法分则中没有这样的罪名，也没有这样的基本规则。唯一可能构成的是不真正不作为犯。又由于本案的实施者是丙，甲并未参与丙的犯罪行为，他的影响是否构成阻止丙杀人的法律义务？并因为没有履行这种义务而和丙一起构成故意杀人罪？笔者认为，甲在造成乙的死亡上是有过错的，但并无故意。其行为虽然客观上对丙产生了影响，但这种影响既不能认定为教唆，也不能认定为帮助，因为这两个概念都是故意犯罪的概念不适用于过失。我国刑法明文规定共同犯罪是两人以上共同故意犯罪，过失犯罪不按共同犯罪处理。因此，即使甲在这个案件中有过失，但不能与丙的故意犯罪共同评价。另外，从义务上讲，对他人有可能实施的犯罪行为，自己是否负有阻止的义务，需要对这种义务的性质与来源进行深入的分析，并用罪责自负的逻辑来理解。父子关系和生活中彼此的影响，并不具有刑法上行为模式的意义。无行为则无犯罪是所有犯罪构成的铁律，亲子关系在其中没有任何意义。按参考答案的逻辑，甲构成不作为的帮助犯，那就必须证明甲的不作为义务从哪里来。甲成天嚷嚷要杀死乙，是一种先行行为么？乙的死亡是自行为产生的，还是他行为产生的？由于本案涉及对甲的行为评价，而这种评价（如果构成犯罪的话）只可能属于不真正不作为犯的领域，因此，这种先行行为需要法官在不作为（违反命令规则）与作为（违反禁止规则）之间进行价值等值判断，证明因果关系和保证人地位的判断[1]。只有不作为与杀人的作为价值相当，并且具有保证人的法律地位时，不作为的犯罪才能构成。显然，甲在知道丙购买可能用于杀人的工具后，轻信丙不会杀人，未加理会是有过失的，也没有尽到作父亲照顾好未成年儿子的责任。但与故意教唆或帮助儿子杀人是两回事情，其不作为与刑事意义上的不作为也是两回事。作为父亲他是不称职的，也违反了民事义务，甚至在丙杀人的过程中，存在重大过失，但与故意杀人比较毕竟是性质不同的。结论是，甲不可能构成故意杀人罪，但有可能构成过失或者其他性质的罪错，至少，对于乙的死亡需要承担民事责任。

选择这两个个案点评，是想借此展开规范犯罪论在正犯与共犯关系上的一些思考。在传统理论中，共犯从属理论或者独立理论都是在德国、日本为代表的大陆法理论背景下展开的。不法与罪责二阶层理论也是这个大背景下的理论变种，都没有摆脱"存在与当为""事实与规范"的二元论基础。在规范犯罪论看来，将共同犯罪作为不法的类型与罪责区别开来的解释，是一种不彻底甚至是错误的解释。它人为地割裂了不法与罪责的关系。将"有罪责地侵害法益"这个犯罪的有机体人为地分裂为两个彼此脱节的领域。两个案例的解释路径都是试图将不法行为与罪责区别开来，将不法行为的存在，解释为共同犯罪以"不法类型"的形式存在，二人以上共同实施不法行

---

[1] 当前流行的看法是，保证人地位大体有二种类型，一是基于风险支配的保证人地位；二是基于制度照料的保证人地位。前者与个人答责的范围有关，后者与制度利益的分配及遵守有关。上例父亲的行为，从哪个方面看都难于作出保证人地位的判断。两种类型的保证人地位，都难于建立此种关联。

为，无论正犯是否有罪责都可以视为共同犯罪。这种区别不法与罪责的二阶层理论。有合理的一面，其合理性在于看到了不法评价可与罪责评价的部分分离。没有罪责的行为同样可以评价为不法。但是，这种理论没有清晰地区分不法与刑事不法，没有看到不法其实从形式上看是对义务的违反。这种违反与是否满足构成要件是两个概念，不具备构成要件只是表明这种不法还没有达到构成犯罪的指标要求，但行为本身并不被法律所允许，因此实施这样的行为仍然在法律上被评价为不法。从实质上看，不法是侵害法益，这一点所有的违法行为是相同的，但刑事不法，除了侵害法益外，还需要罪责性的参与。"有罪责地侵害法益"是刑事违法的特有品质，也是刑事违法区别于一般违法的关键。因此，在参与人共同实施的侵害法益的行为（形式上，就是违反刑法义务的行为）在基本规则与修正规则的调整下，形成了修正的犯罪类型。这个类型本身仍然需要经过义务违反性、构成要件该当性、法益侵害性和罪责性的逻辑审查。只有在满足所有这些条件后，犯罪才能认定。但逻辑审查的过程中，可能在任何一个环节发生错位，比如违反义务，但并不符合构成要件，或者侵害法益，但没有罪责。此时，犯罪构成的逻辑进程中断，不能形成犯罪构成。但在共同犯罪的情形下，个别参与人的这些逻辑缺陷，因为其他参与人的行为符合完整的逻辑要素，或者与其他人联系起来后符合完整的逻辑要素。所以，整体上行为仍然处于犯罪构成的逻辑进程中。如果整体上行为构成犯罪，仍然可以将这种行为"概括地"评价为共同犯罪。仍然可以适用《刑法》第25条以及以下规则，比如，16周岁的甲应邀为13周岁的乙的入室盗窃望风的行为，或者 16 周岁的甲与 13 周岁的乙共同轮奸妇女。根据《刑法》第 25 条与盗窃罪和强奸罪的规则，可以认定构成共同犯罪，并适用相关规则。详言之，在义务违反性上，甲乙构成共同违法，在构成要件该当性上，只有甲的行为该当（或者修正后该当），在法益侵害性上构成共同侵害，在罪责性上只有甲的行为满足，当将这些环节上的个别判断统一在第 25 条的规则下观察时，共同故意与共同行为可以理解为对刑法规则的抽象违反。即故意地违反刑法规定，故意地实施刑法禁止的行为（此时不需要基本规则的参与评价）仍然可以概括地将行为整体地评价为共同犯罪。但 13 周岁的乙，因不具有构成要件的该当性和罪责性，不作犯罪认定。甲则满足规范犯罪论的所有逻辑条件，应根据其在共同犯罪中所起的作用定罪处罚。

三、两个与未遂有关的案例：案例一，基本案情：某日，甲欲抢劫乙女，于是让自己喝醉，并对乙女实施了暴力，但结果却将乙强奸。经查，甲在实施暴力行为时依然具有责任能力，但在实施奸淫行为时已无责任能力。问题是，甲的行为如何定性？参考答案是，甲成立抢劫未遂。主要理由是原因自由行为只有行为人开始实施与结果具有因果关系时行为人具有责任能力，才需要对该结果负责，本案中，甲在实施暴力行为时虽具有责任能力，但与强奸行为无因果关系，应认定为抢劫未遂。对此，点评如下：上述分析对原因自由行为的一般解释是合理的，但在案件的具体分析上是错误的。行为时责任能力的丧失与原因自由行为之间的关系如何处理，是原因自由行为如何归责的提出的问题。从客观上看，原因自由行为作出后，行为的发展其实并不处于行为人的自觉控制之中，但却是行为人的行为，因而可以客观上归属于行为人。从主观上看，行为人故意或者过失地让自己陷于无责任能力的状态，因而是有罪责的，可以将这个失控后的行为主观上归属于行为人。由于本案事实上造成了对乙的强奸，与当初甲的预想并不吻合。究竟应该如何定罪？理论上可能存有争议。笔者的看法是，这是一个既遂的案件。无论从基本规则的角度，还是从社会经验的角度。乙被强奸是确定无疑的事实。但问题是，当初预想的抢劫并未实现，强奸却实现了。如果认定抢劫未遂，至少有两个无法解决的问题。其一是，没有"抢"的行为，单纯的暴力无法评价为抢劫。尽管在行为人当初的预想中是想抢劫，但着手时只有暴力行为而无抢劫行为，根据实行行为吸收预备行为的原理，应该由着手后的行为评价罪行。如果行为实施完毕，应该由完毕的形态进行评价。甲在着手实施暴力行为时尚有责任能力，但之后丧失责任能力，没有"抢"的行为，也没有抢到任何财物。即使将暴力视为"抢"的手段纳入抢劫的整体评价，但此种暴力只有在预备或者刚刚着手的意义上与抢劫关联，在着手之后，失去了与抢劫罪的任何联系。根据吸收原理，此种行为当被实行行为吸收。如果实行行为既遂，单独地评价预备和着手行为没有意义。既然整体上评价没有抢劫行为何来抢劫未遂？其二是，事实上的强奸如何评价？如果不回答这个问题，则与基本规则和社会常识相背离。在行为人强奸乙时，处于无责任能力的状态，而这种状态是行为人故意造成的（尽管其当初的故意是抢劫），此时，是否可以根据行为的事实认定为强奸罪（既遂）？笔者认为，评价为强奸罪（既遂）更加合理。理由是抢劫、强奸都是自然犯，在构成性规则与调整性规则的分类中,它们都属于调整性规则。这类规则的特点是与社会常识高度吻合,上述案件评价为抢劫未遂,老百姓无法理解,专业人士也未必认同,但评价为强奸犯罪在社会经验上几乎没有障碍。从基本规则的角度看,甲的行为完全符合强奸罪的行为模式,唯一的不同点,是在原因自由的情况下实施的。当行为人故意让自己处于无责任能力的状态,就应当承担这种状态造成的一切后果。甲故意让自己陷于无责任能力状态并事实上强奸了乙,无论从主观面和客观面看,都应该按强奸罪(既遂)认定,并承担强奸罪(既遂)的刑事责任。

案例二,甲正举枪射击丙,为确保丙的死亡,乙在甲的背后于甲不知情的情况下,与甲同时开枪射击,丙中弹身亡。但不能查明被谁击中。问题是,甲、乙的行为如何定性?参考答案是,甲、乙分别成立故意杀人未遂罪。对此,点评如下:这是一个典型的混淆证明责任与犯罪既遂、未遂规则的案例。行为满足基本规则的全部要素,犯罪即为既遂。因意志障碍,未能满足基本规则的全部要素,犯罪即为未遂。本案丙在枪击中死亡,已经满足杀人罪的既遂构成,不可能再评价为未遂。至于能否证明两人的行为杀死了丙是证明问题,与是否构成杀人既遂没有关系。如果能查明丙的死亡是由甲乙二人的枪击造成的,这是杀人既遂犯罪,不可能评价为未遂。如果不能证明是两人枪击行为造成的,可能评价为未遂。如果能证明是两人的枪击行为造成的,而不能证明是谁击中的,案件整体上仍然应该评价为既遂。如果不能证明是谁击中致命一枪的,只要甲乙之间可以认定为共同犯罪,那么两者均按杀人罪既遂定罪处理。如果否定两者成立共同犯罪,视为同时正犯仍然也只能评价为既遂[1]。如果一定要查明事实上已经不能查明的致命一枪，则本案事实不清，证据不足，出现证据上的"囚徒困境"。即可以肯定丙是由甲乙的枪击行为死亡的，但又无法证明是谁开枪打死的。在这种情况下，基于法安全和法正义的博弈，可以在"疑问时有利于被告人"和"择一认定"[2]的博弈中，基于刑事政策的理由作出选择。鉴于丙的死亡确实是由甲乙两人的杀人行为造成，死亡本身是杀人罪既遂的标志，鉴于基本规则的基础性地位，笔者主张定杀人罪的既遂，并在判决中适当地体现法的安定性考量，作出留有余地的判决。参考答案不认为乙构成片面共犯，故主张甲、乙二人分别构成故意杀人罪（未遂）是削足适履的分析。

第三节　刑法规则中行为模式的案例与分析之三

本节将讨论以下涉及容忍性规则的案例。

一、"偶然防卫案"基本案情：乙正在对丙实施一般伤害行为，甲对此毫不知情。甲出于杀人的故意对乙开枪，将乙打死，客观上阻止了乙的伤害行为。问甲的行为如何定性？为什么？参考答案是，甲成立防卫过当，系故意犯罪。主要理由是虽然甲的行为属于偶然防卫，但从结果无价值的立场看，偶然

---

[1] 同时正犯指数人参与实施犯罪但并不共同行事的情况，在这种情况下，谁独立于他人地实现了某一构成要件，或者与他人同时实施了行为但没有形成共同的行为决意，即同时正犯，可按单独正犯处理。

[2] 指法院在案件事实抽象肯定，具体实事模棱两可的情况下择一地认定，并作出判决。参见［德］汉斯·海因里希·耶塞克、托马斯·魏根特：《德国刑法教科书》（上），徐久生译，中国法制出版社2017第版，第202页及以下部分。

第九章 刑法规则的运用与观察

防卫仍然属于正当防卫,将乙打死属于(故意类型的)防卫当过。对此,点评如下:将这种行为判断为偶然防卫是正确的,但得出的结论是错误的。这种观点误解了容忍性规则的性质与要件,误解了容忍性规则与禁止性规则的关系。容忍性规则是法律权利在规则上的反映。就本案而言,甲的行为自始自终都是违法行为,与权利的正当性没有任何关系。行为本身不存在合法与非法的冲突,不具有正当防卫的基本条件。因为没有正当防卫的前提,防卫过当无从谈起。用结果无价值理论解释这种行为,并得出防卫过当的结论恰恰说明这种理论的局限性。在规范犯罪论看来,行为无价值与结果无价值不过是反规范的表现形式,是行为违反刑法义务及其深层结构——侵害法益——在构成要件上的一种反映与表达。对行为犯来说,实施违反刑法规则的行为即表明这种行为是违反刑法义务和侵害法益的,行为的无价值足以评价行为的反规范性、违法性。对结果犯来说,行为无价值与结果无价值共同塑造了行为的反规范性,结果无价值不过是构成要件在结果指标上的一种反映与表达,并成为评价行为违法(达标)的标志性指标。两种无价值并非择一的关系,而是构成要件指标上的选择与侧重。在规范面前,两种无价值并无性质上的差别。用行为无价值理论或者结果无价值理论解释违法是一种关系的错位,准确地说,行为或者结果的价值,不是靠行为或者结果本身说明的,而是靠规范对这些素材的投射(价值赋予)形成的,离开规范谈论行为或者结果的有无价值是舍本逐末的路径。更具体地讲,如同犯罪是违反刑法义务与具有构成要件符合性一样,从权利的角度,任何权利的行使也有自身的逻辑要素。正当防卫作为一种权利本身也有自己的权利要件,在这个要件内,行为是正当的,突破这个要件行为的性质有可能转化。这里,涉及权利品质与义务品质的重大差别。正当防卫是一种权利,它意味着行为人在行使这一权利的过程中,行为与国家法律肯定与保护的法价值一致。国家负有尊重、保护和创造条件助其成就的义务。或者说,其行为不具有反规范性,这与任何犯罪都是违反刑法义务有着重大的差别(无例外地反规范)。防卫过当是违反刑法义务的一种异类形式,是基于实践结构上的权利义务统一关系,以及质量转化规律形成的一种特殊的违反义务的形式,即因滥用权利转化为犯罪的形式。在正当防卫的诸权利要件中,不包含任何反规范的指标。就本案而言,甲的行为不存在制止不法侵害的认识和意志。而这正是正当防卫的主观上的正当化要素,没有这个要素,即没有正当防卫的逻辑条件。因此,偶然防卫尽管客观效果也许是可接受的,但行为性质仍属非法,不能成为一种权利[1]。因而,这种行为不能在正当防卫的范围内评价,就本案而言,甲的行为只能认定为故意杀人罪。

设若甲以一般伤害的故意实施枪击行为,并造成乙的一般伤害,从而制止了对丙的一般伤害。此时,仍然属于偶然防卫,但不适用正当防卫(或防卫过当)的规则。如何评价这种行为?笔者提出的规范犯罪论的解决方案是,在非类型化审查的场合,用法益侵害性的这一环节处理。此时,偶然防卫的行

---

[1] 正如"黑吃黑"的行为不能被评价为一种权利,聚众斗殴后出手的一方不能主张正当防卫一样。行为的合法与否,取决于法律的规定和深层的规范要求,不是结果的有无价值决定的。

为仍属于类型化的不法。但在损害乙的健康与保护丙的健康之间存在法益的冲突与权衡，这种行为因偶然地保护了丙的健康，在法益冲突的权衡上可以作出实质判断。若造成一般伤害，则因结果有价值，整体上行为因情节显著轻微可不认为是犯罪。否则，应该按故意犯罪定罪处罚。总之，与正当防卫或者防卫过当无关，而与这种行为是否实质上侵害法益有关。

下面几个案例来自冯军教授《刑法问题的规范理解》[1]一书。

二、"端盘子案"。基本案情：德国某大学生物系三年级的学生，假期在一家餐厅打工，专职"端盘子"为客人上菜。某日，当他端一盘蘑菇给客人时，他以专业的眼光发现这是毒蘑菇，毒性可以毒死人，但他自我解脱道：我是端盘子的，是否有毒不关我的事！于是将这盘蘑菇上给客人，结果几个客人被毒身亡。按大陆四要件理论评价，这种行为无疑构成故意杀人罪。冯教授认为：这种评价是一种非规范性认识，而一种规范性认识要求重视社会的同一性。也就是说，要求重视社会对各种生活角色的客观要求，要求重视人们对各种生活角色的活动内容所具有的期待。如果一个人的行为没有让社会对他所承担的角色感到失望，那么，即使他的行为是某种危害结果发生的原因（条件），他的行为也不符合构成要件，就不成立犯罪。德国学者雅科布斯对此也认为：一种特别的能力，例如——就像案情中那样———一种特别的知识，不属于角色，因此不属于构造着人格体的物质；也就是说，没有必要为了避免损害而调

---

[1] 参见冯军：《刑法问题的规范理解》，北京大学出版社2009年版。

动这种能力。这听起来令人不快,但是人格体从来不是由"能够"来构造的,而是由"当为"来构造的,换言之,某一特别的"能够"无论如何不属于人格体,而只是一个纯粹的个体性特征。对此,笔者认为,从规范论的角度观察与思考这类问题是正确的。"犯罪是对实在法规范的否认",以及指出实在法规范具有"当为性""客观性"等论断与笔者提出的规范犯罪论逻辑是一致的。但就本案而言,规范地看,其实存在至少两种性质的规范的冲突,一是职业角色,二是公民角色,对应的规范是职业规范与刑法规范。从职业的角度看,服务生履行了自己的职业角色,正如他自己声称的那样,我只是一个端盘子的。社会的期待——就职业而言,恐怕也是如此。从这个规范领域看,确实是一种正常的职业行为,将一种正常的职业行为评价为犯罪是实在法规范上不可接受的。如果仅仅因为拥有某种特别的"知识"或"能力"便获得某种"角色"的规范地位,理由也并不充分。但如果将公民角色与刑法规范考虑进来,则情况又不一样。此时,职业角色和职业行为的合规范性受到更严厉的刑法规范评价。当一种职业行为可能与别人的生命权和国家禁止杀人的刑法规范发生冲突时,特别是对这种行为是否触犯刑法进行规范评价时,公民角色与刑法规范将高于职业角色与职业规范。换言之,此时的情况正是笔者提出的规范犯罪论在"刑法规范"这一术语概括下讨论的规范冲突问题。即刑法的禁止性规则与其他法律或者规范的容忍性规则冲突,以及深层结构上规范价值的冲突。为把本案解释清楚,我们不妨先假设此人没有职业行为的背景,或者虽然有此背景但没有专业知识(在本案的情形下就是不知道蘑菇的毒性),在

第九章 刑法规则的运用与观察

这两种情形下，前者的行为无疑构成故意杀人罪，后者无疑不构成故意杀人罪，甚至不构成任何犯罪。这里的问题是：一个职业规范上也许无可指责的行为，为什么因为"知识"或"能力"，以及进一步在自己的行为中"使用"这种知识或能力会产生法律上评价的疑义？在规范的意义上如何评价这种行为？规范犯罪论的解决思路是，当禁止性规则与容忍性规则冲突时，应当根据法律规则的层级和法律规范的可比较价值进行竞争性的法律评价。在本案中，行为人明知所送的蘑菇具有致死的毒性，仍然将这盘菜送给客人食用，尽管有职业行为的客观性、合理性进行抗辩，但这种抗辩并不足以否定禁止杀人的法律规范对他作为一个社会公民的规范要求。在职业规范与刑法规范的价值冲突中，保障他人的生命无疑具有更高的价值。若行为人仅仅因为看到这盘蘑菇不洁可能造成食客拉肚子而仍然上菜，结果造成食客拉肚子的情形。此时，其职业行为的抗辩可能是成立的。因为在他角色的范围内，他不过履行了自己的职业角色，回避这种可能的风险不属于其职责的范围。这种行为尽管令人遗憾，但仍然在社会容忍的范围之内。但在本案中，职业行为与他人的生命权利直接有关，做或者不做意味着他人的生死。在这种更高的规范面前，职业行为不能改变禁止杀人的规范要求。相对这个要求，职业规范应该让路。况且，本案不是单纯地对"特别知识"的社会角色归类（归责、归罪），而是处理这种特别知识在涉及与他人生命有关的事务，同时这种事务又是与自己的行为直接有关的规范评价。纯粹的知识在价值上是中性的，但在本案中，所评价的不是纯粹的知识或能力，而是这种特别知识与自己的行为，特别是当这种知识的使用与刑法的规范性要求发生联系时,它就不是纯粹价值中性的,而是规范的,或者说是融化在行为中的规范化的态度。这种明知他人会因此送命而仍然作出的行为正是映射态度不法的表现。从公民角色和行为者角色看,这种突破刑法规范性要求的行为,不能解释为一种与自己无关的"冷漠",也不能解释为一种单纯的职业合理性,而是两种规范要求冲突时行为人能够"自由选择"的角色(或者说义务)冲突,是一种与自己的行为直接有关的杀人行为。因此,服务生的这种选择在行为与态度上都是非法的。用规范犯罪论的体系逻辑观察,这种行为具有义务违反性、构成要件该当性、法益侵害性的罪责性,其行为构成杀人罪。[1]

三、"传染病案"。基本案情:在 SARS 在爆发期间,北大医学院二年级学生陈某违反学校规定,溜进北大附属医院隔离病房,去看望因疑似 SARS 被隔离观察的恋人王某。王某将一个苹果递给陈某吃,陈某吃后被感染 SARS 病毒,并不治身亡。对此,冯教授认为:在这个事件中,虽然陈某的死亡是王某引起的,也不应该由王某承担过失致人死亡罪的责任,因为,陈某完全估计到自己会被感染 SARS 病毒仍然自己任意实施了导致自己死亡的行为,陈某的行为引发了自己的死亡。在这个案件中,陈某的自我答责责任是显而易见的,但能否得出上述结论却有疑问。因为,在造成陈某死亡这一事故中,王某不注意、不谨慎或者按解释陈某行为的同样的逻辑——任意的行为,在法律评价上仍然具有规范意义。全面地观察,陈某的死

---

[1] 但其杀人罪因其职业行为的价值冲突,可以相对轻缓地考虑罪责与刑事责任。但那是另一个性质与范畴的问题。

亡是双方行为的共同作用的结果（假设王某传染陈某之间有着因果关系的话）。王某只有在规范意义上没有过错或者罪责的情况下，这个不幸的悲剧才能让被害人独自承担。在涉及双方的行为与规范关系时，仅仅关注行为的一方而忽视行为的另一方是有失偏颇的，应该以法规范的整体性全面地评价参与其中者的行为。法规范上，规范义务的分配首先取决于调整这些关系的法律规定，在法律没有明文规定的情况下，实在的法规范（诸如习惯法、伦理、社会的文化规范及其价值观等）可以评价关系中的行为。在本案中，如果用《中华人民共和国传染病防治法》的规定和当时北京市政府的通令，以及学校的规章制度等规范性要求衡量，王、陈二人的行为都没有遵守相关规定。他们分别或共同地违反了法律或规范性文件对他们的要求，陈某的任意让自己送命当然需要自我答责；王某的行为也并非没有过错，同样需要为此承担自己的责任。至于如何划分双方的责任是另一个性质的问题。就本案而言，王某并非无辜者，而是有过失的行为者，需要对自己的行为承担法律责任，用规范犯罪论的理论逻辑，王某的行为具有义务违反性（注意义务与回避义务均有违反）、构成要件该当性（该当过失致人死亡罪）、法益侵害性和罪责性。在造成陈某死亡上，王某负有不可推卸的责任，至于是本案否按过失致人死亡罪追究刑事责任除了评估双方的过错划分外，还需要评估其他条件。不过，那是另一范畴的问题了。

# 刑法规则与犯罪构成的关系

本章将集中讨论刑法规则与犯罪构成的关系。在规范犯罪论提出的理论体系中，刑法规则更多的是相对刑法规范的一个术语。虽然在刑法规则的表述中，将其视为类型化的刑法规范，用于在"文本的"意义上概括犯罪审查的第一个阶层。但在解释类型化与非类型化、刑法规则与刑法规范，以及与犯罪构成的关系时，阐释得并不清楚，有些表述还有疑问。本章将针对这些问题，重述基本关系。力图清楚地阐明规范犯罪论的观点。

第一节 文本，立法规定之罪、类型化

在规范犯罪论体系建构中，如何处理刑法文本，从中归纳出犯罪构成的规律性知识，一直是一个重大问题，同时也是一种独特的方法。从文本起步（而非理论逻辑）是规范犯罪论一次独特的尝试，从中归纳整理出了一元论、二阶层、四要件的

第十章 刑法规则与犯罪构成的关系

犯罪论体系。规范行为的一元论是这个理论的立论基础，以此将规范犯罪论与区分"存在与当为""事实与规范""主观与客观"等二元论思维的传统刑法理论区别开来。二阶层，一是指刑法规则，二是指刑法规范，两者分别从形式与实质、类型化与非类型化两个维度建构犯罪构成，形成表里如一与前后呼应的双层递进结构（即表里结构与前后结构的双重二阶层结构）。义务违反性、构成要件该当性、法益侵害性和罪责性依次递进，成为犯罪审查的四个逻辑要素。换一种表述，这些逻辑要素各自是犯罪构成的必要条件，依次递进，组合起来就是犯罪构成的充分必要条件。

如果可以把犯罪构成理解为犯罪成立的充分必要条件，如果可以把刑法文本规定的罪行理解为"犯罪类型"，那么犯罪审查的第一个环节就是解剖刑法文本，搞清楚在文本的世界里，刑事上的权利义务是如何分配的。刑法作为刑事立法的成果，是所谓"分配正义"的集中表现。在罪刑法定主义的旗帜下，一切关于犯罪与刑事责任的规定统一于刑法之中。刑法，成为全社会一体遵行的权威文本。

从文本中析出规则，从规则中析出规范，是规范犯罪论观察犯罪构成的基本理路。文本是刑法的渊源，刑法规则是刑事上法律权利与义务的制度形式，刑法规范是解释刑法规则的价值基础。当我们在文本前观察与思考刑法时，刑事上的权利义务关系，以罪与非罪的方式扑面而来。所有无罪的规定都可以用广义的权利解释，所有有罪的规定都可以用违反义务解释，两者的关系组成了刑法体系。

因此，对文本的审查其实就是对刑事上权利义务关系的审查。只不过这时的审查是模式化、类型化的审查。或者说，所审查的是刑事上权利义务的分配关系（制度），是一种由立法规制的权利义务分配关系，这种关系制度化地规定在刑法文本之中。从规则的类型上看，就是禁止性规则与容忍性规则的价值配置与冲突取舍，也就是罪与非罪的权利义务分配。在制度分配中，平衡两者的法律关系，满足社会的规范要求。

两者的关系图示如下：

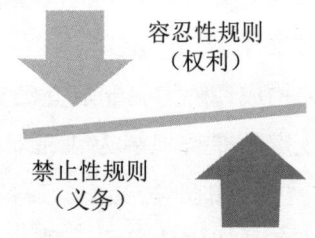

从我国刑法的规定看，涉及这种权利义务分配关系的制度安排，除了大量的禁止性规则外，在容忍性规则上主要有正当防卫、紧急避险、意外事件、不可抗力，以及涉及责任年龄和责任能力上不作犯罪评价的规定。这些内容在传统刑法理论上是分别作为不同的主题处理的（比如前两者在违法性环节、后面的内容在罪责、或/和构成要件环节）。由于传统犯罪论在源头上的错误，以及随之而来的在构成要件、违法和罪责体系上的混乱没有把这个问题处理好，规范犯罪论对此有自己独到的观察与解释。具体说，就是在解释犯罪构成的逻辑条件时，用双层递进的结构模式重新概括了犯罪构成的逻辑进程。从纵向的座标观察，即从文本透视规则，从规则透视规范，由此形成规则违反性和规范违反性两个逻辑层次。从犯罪构造来说，这是一个双层结构，形式上，规则违反性由义务和构成要件组成。该当性审查就是将案件事实与刑法规则对照，符合刑法规则的行为即具有该当性。由于刑法规则的一体两面性。这种审查涉及两个互赖的逻辑要素，即刑法义务及其违反性和构成要件及其该当性。因此义务违反性和构成要件该当性成为犯罪审查的第一阶层。这种形式结构的深层结构则是由体现刑法规范的法益与罪责构成，因此，法益和罪责构成犯罪审查的第二阶层。只不过，在这个阶段，规范犯罪论概括的一元论、二阶层、四要件是统一于模式化的犯罪类型中的。这里的二阶层是一个表里结构，此时，有罪责地侵害法益是以类型化的形式潜藏在刑法规则之中。换言之，这时的诸逻辑要素是你中有我、我中有你，有机地交织在一起的。刑法分配的义务、法益、罪责通过构成要件的指标体系整理成犯罪的构成要件。刑法规定的"犯罪类型"就是这种有机统一的具体表现。因此，当这个阶段的审查得出该当刑法规则的判断时，意味着符合文本规定的法律标准。只不过，这里的法律标准是类型化、模式化、制度化的，就罪的构成来说，此时的审查仅满足了类型化审查的需要，还不足以满足司法上评价犯罪构成的需要。

犯罪类型集合下的双层结构与四要件关系图示如下：

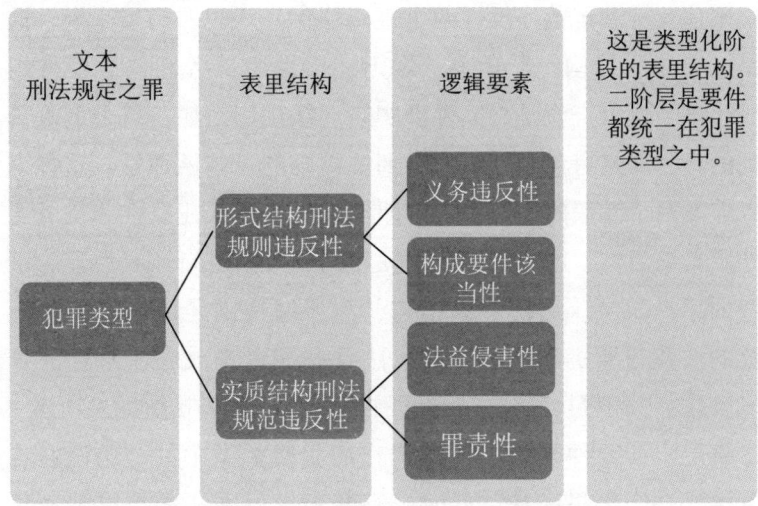

四要件之间的有机统一图示如下:

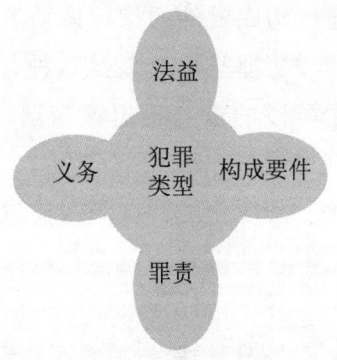

需要重新解释的是,在《规范犯罪论》一书中,笔者不恰当地将所有竞争性利益的审查,全部放入非类型化审查的环节,这是片面的。在此,特别更正如下:在以文本为渊源的类型化审查阶段,其实存在竞争性的利益与价值冲突,这些冲突

正是刑事上权利与义务冲突在刑法上的表现[1]。因此，类型化审查涉及价值上相反相成的两个方面：一是"入罪"方面的禁止性规则，二是出罪方面的容忍性规则。当两者发生冲突时，权利规则一般优于义务规则得到适用。也就是说，当禁止性规则受到破坏而这种破坏是由于刑法规定的权利所允许时（比如正当防卫），依据刑法规定，行为不构成犯罪。当破坏禁止性规则的行为出现而没有刑法明文规定的权利规则可以适用，则行为具有刑法规则违反性，类型化地符合犯罪构成的抽象法律标准，行为有可能构成犯罪。

还需要特别强调的是，此时的规则冲突（权利义务冲突）是直接基于刑法文本因权利义务的立法分配产生的类型化冲突，可以直接依据刑法文本作出罪与非罪的判断。这类冲突与个案审查时的非类型化冲突（即传统理论上所说的超法规的阻却违法事由），在价值导向上相同，但在是否具有刑法明文规定上，以及犯罪审查的逻辑阶段上是不同的。

第二节　运用文本，司法认定之罪、非类型化

司法是运用文本解决个案的过程，所处理的问题不是立法阶段的权利义务分配，而是在已有的分配制度下（即刑法），对涉嫌挑战这种制度的行为进行个案处理。相对立法阶段的分配正义，司法是"纠正正义"性质的一种活动，活动的任务就

---

〔1〕 在某一项制度下，法益的冲突未必是权利与义务的冲突，可能是别的冲突，比如紧急避险就是权利与权利冲突，但相对犯罪，紧急避险是一种权利，犯罪则是对义务规则，即禁止性规则的违反，两者仍然是权利义务冲突。

是完成从"立法规定之罪"向"司法认定之罪"转变。

从法律适用的角度讲，司法者在审理刑事案件，处理具体的个案时，面对两个基本任务，一是定罪，二是量刑。从定罪的角度看，主要面临两个阶段性的审查工作：一是类型化审查，即查明个案是否与刑法规则规定的犯罪类型吻合；二是是否存在其他竞争性的利益与价值冲突（比如执行法令的行为、行业惯例、被害人的同意与承诺、错误等），如果存在这样的冲突，是否以及如何判断行为的法律价值（罪的有无或者轻重）。相对前者，这是一种非类型化的审查。是否存在以及存在何种竞争性的利益与价值冲突取决于个案的具体情况。在规范犯罪论的理论逻辑中，类型化审查与非类型化审查是司法审查的两个逻辑阶段。前者仍然用刑法规则违反性，后者仍然用刑法规范违反性来概括。也就是说，这时的刑法规则与刑法规范是从横向坐标理解的。它表明一种犯罪审查的逻辑前后次序，是一种从分配正义向纠正正义的一种"衡平"活动。类型化审查是司法者理解"立法规定之罪"，理解犯罪类型，从而为判断涉案行为创造逻辑条件。当涉案行为符合刑法规定的犯罪类型时，就具备了刑法规则违反性，有可能构成犯罪。非类型化审查是司法者运用文本，并结合其他法律，在更宏观的背景下，审查涉案行为的法律价值，并最终作出司法结论的一种活动。从形式上讲，此时刑法文本的类型化审查已经完成，但由于刑法与其他法律的互赖关系，需要消除不同法律之间的权利义务冲突，使法规范（法价值）保持一致。从深层结构上讲，就是一种直接依据规范逻辑进行的价值判断。在犯罪审查逻辑上区分类型化与非类型化二个阶段，是司法环节承担的纠正正义性质的职能活动的性质决定的,也是犯罪构成理论指导刑法适用的使命决定的。通过类型化与非类型化两个阶段的审查,可以帮助刑法适用者更清晰地分析与判断涉案行为。

从非类型化审查上讲,它是一种个案存在竞争性利益与价值时,对涉案行为的法律价值进行的评估、权衡与取舍的活动,是一种未必都会出现,但出现了需要再平衡的司法裁量活动。这种活动,真正体现了司法存在的价值——衡平,也就是完成从立法规定之罪向司法认定之罪的职能转变,确保个案的公正合理。

从法律关系上分析,这个环节仍然是处理法律关系中权利义务的冲突。只不过,它不是刑法规定的类型化冲突,而是具体案件中涉及法律上权利义务关系的具体冲突。在传统刑法理论上,用超刑法的违法阻却事由或者责任阻却事由解释这些冲突。因为理论体系上的不同,规范犯罪论将这些冲突,理解为以法律规则为载体,以权利义务关系为内容,以价值观为灵魂的法律规范冲突。在刑法的日常用语中,规范犯罪论用是否具有法益侵害性与罪责性来概括这些冲突。由于这些冲突其实是广义上法律价值冲突在司法上的反映与体现,因而应该放在更广阔的法律环境中,从权利义务的关系上作更宏观与更深入的观察。由于所有的法律无非处理权利义务关系,因而可以从这些关系上进行分析。在冲突的类型上,包括权利与义务的冲突,以及广义权利范围内,权利与权利、权利与权力、权力与权力之间的冲突,也包括广义义务范围内,义务与义务、义务与职责、职责与职责之间的冲突。这些冲突因分属的法律部门、法律层级,以及本身的性质不同而需要具体的分析。

非类型化时权利义务冲突的结构类型图示如下：

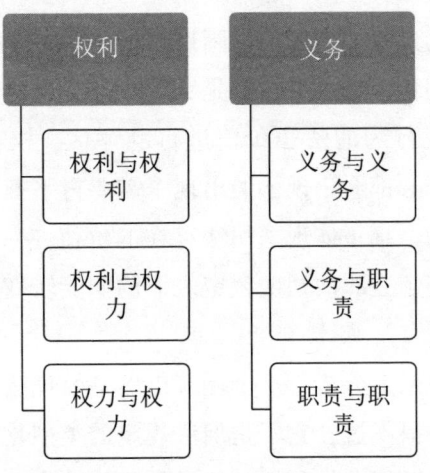

从法理上说，权利上允许的行为不可能构成犯罪。但刑事权利与其他法律的权利毕竟不完全相同，它涉及更重要的规范或行为领域。因此，刑法将这些权利用明确的制度予以规定，形成文本上的容忍性规则（如正当防卫等）。但由于刑法补充法、保障法的特性，其触角会深入到整个国家法律体系之中。其他法律上的权利义务关系会代入到刑事法的实践中来，连同代入的就是法律上权利义务的冲突。当某个刑法上禁止的行为与其他法律允许的行为发生冲突时（比如伤害罪与医疗手术截肢），由于刑法上没有明确的规定，是否可以改变行为的价值属性就是司法者面临的具体问题。这些问题无法回避，需要司法审查时予以处理。

在法律层级相同的情况下，权利规则优于义务规则适用是不成问题的。但法律层级不同，或者权利性质不同的规则之间也会发生这样那样的冲突,在不能两全的情况下,行为人行使一种权利可能意味着放弃另一种义务,或者是对另一种权利的妨害与伤害,比如在自救行为模式下就是如此,这时,司法者需要对这种权利的行使行为作出价值评断。将符合规范(包括惯例、伦理、功利等)的行为从犯罪构成的进程中或者排除出来,或者减轻行为的反价值性。在涉及权利与权力、权力与权力的法律关系时,也需要权衡两者冲突时的价值取舍。特别是在涉及公民基本权利时,如何将公权力关进笼子里是实践中非常艰巨的任务。义务方面,也是如此,人们在履行义务的过程中也会面临"囚徒困境"。在不能两全的情况下,履行某个义务可能意味着放弃另一个义务的履行。这时,司法者也需要权衡义务的冲突,对行为人的选择作出价值判断。

需要强调的是,在非类型化审查时,权利义务及其内部关系的冲突是以其他法律,甚至习惯、伦理这些更开放和更广阔的法域或文化为背景的。普通法可以用陪审团的裁决处理这个问题,但大陆法系,有于自身的传统,在处理这类问题时,更依赖司法解释和法官的自由裁量。但无论如何,这是一个非常关键的领域,需要理论上更深入地探讨。

第三节 规范犯罪论犯罪审查的逻辑结构与次序

一元论、二阶层、四要件的规范犯罪论体系,是对犯罪构成理论的一次全新建构。它彻底跳出了区分"存在与当为""事实与规范""主观与客观"的传统刑法理论的二元论思维,也拒绝了不区分类型化与非类型化的所有规范理论。一元论、二阶层、四要件的犯罪构成体系，其实是一纵一横的双层、递进结构。从纵向结构（表里结构）看，违反刑法规则，通过义务和构成要件两个逻辑环节，从形式上解释了犯罪行为，犯罪可定义为违反刑法规则的行为。从深层结构看，犯罪是侵害法益并且有罪责的行为。如此，犯罪可以定义为违反刑法规范的行为。这样，一元论、二阶层、四要件的体系化逻辑在纵向的一面自成体系、逻辑自洽。从横向结构看，二阶层与四要件的逻辑体系是分阶层、递进式的。违反刑法规则是类型化地违反刑法，这是一个常量，是所有犯罪审查必须首先解决的问题。义务违反性与构成要件该当性是其中的逻辑审查环节，法益侵害性与罪责性作为类型化的规范要素潜藏在形式要件之中，违反刑法规范则是非类型化地违反刑法。此时处理的是一个变量，是在没有刑法明文规定的情况下，因为存在竞争性利益与价值冲突需要权衡和处理的问题。在这里，刑法规范这一术语具有双重意义，它既是指纵向结构的深层结构，又是横向结构（前后结构）非类型化时阶段称谓。法益侵害性与罪责性既是违反刑法规则的深层结构，又是非类型化时的逻辑环节。这样，"有罪责地侵害法益"成为规范犯罪论概括犯罪的经典表述，用于解释一切犯罪的共同品质。

由于法益与罪责是刑法规范的核心范畴，在一横一纵的双层递进结构中处于核心地位；又由于法益可以理解为法律上权利义务的客观标的，罪责可以理解为主观标的，因此，可以在规范意义上解释行为的法律价值，并以此对涉嫌犯罪的行为作出实质性评价。因而，在规范犯罪论的理论逻辑中，刑法规范违反性是双重意义上的概念。在横向结构中，是概括非类型化审查时使用的术语，用于在非类型化审查时，承担犯罪论体系审查的任务。这样，从横向角度观察，类型化与非类型化通过违反刑法规则与违反刑法规范两个环节保持了一元论、二阶层、四要件的体系完整性，构成犯罪审查的横向逻辑次序。

一元论二阶层四要件的理论体系，分别在横向与纵向两个维度都能获得逻辑一致的解释。彻底消除了传统犯罪论的内在矛盾，始终保持了规范逻辑的统一。

需要特别强调的是，规范是理解这个理论的核心概念。犯罪从来就不是一个"裸"的事实，而是一个与价值判断高度融和的事实。犯罪构成是规范事实的逻辑整理与概括，刑法规范是理解犯罪构成的核心概念。在规范犯罪论的逻辑体系中，刑法规范是犯罪的轴心和内核，其形式结构是刑法规定的权利义务，以及规定指标的构成要件，其深层结构是法益以及面对法益的态度（从罪的意义上就是罪责）。违法与刑事违法是两个价值趋同但性质有别的概念，所有的违法行为都是侵害法益的，但只有犯罪才是侵害法益并且是有罪责的。因此，我们不赞成法益侵害说解释犯罪的本质，主张规范违反说解释犯罪的本质。但在规范的解释中，是从刑法规范、法规范最后再延伸到文化规范，而与直接将规范视为文化规范的传统规范论也有区别。在这种主张中，反规范才是违法与刑事违法的共同本质。对刑法而言，反规范是从形式与实质统一的角度理解的。从形式上看，反规范从违反刑法义务就开始了，经由构成要件的指标化，该当构成要件的行为已经具有的规范违反的性质。从实质的意义上，一个该当构成要件的行为必定是侵害法益的。一个不侵害任何法益的行为既不可能"规定为犯罪"，也不应该"认定为犯罪"。在规范犯罪论的主张中，法益是具有体系地位的一个逻辑条件。法益侵害性是违反规范的客观结构，也是反规范的产物。但犯罪不同于违法的品质在于：它不仅是侵害法益的，而且是有罪责的。罪责是行为反规范的另一个结构，它在主观的方面，表明这种行为在态度上是不被接受的，应当在价值上作出否定评价。从实践结构上看，法益侵害侧重表明"行为非法"，罪责表明"态度非法"，两者共同组合了刑事违法的品质。在刑法规范的意义上，解释了违法与刑事违法的区别。从表里结构的统一上观察，违法从义务违反始，（经由构成要件完成形式上的违法性）到侵害法益终止（实质上的违法性），而刑事违法从违反义务始，（经由构成要件、法益）到罪责终止。因此，违法与刑事违法在侵害法益上具有价值通约性，在罪责上则体现两者的区别。由此，规范犯罪论主张：必须从反规范的角度理解违法与刑事违法，并严格区别这两个概念。

两者的关系图示如下：

违法与刑事违法	违法与刑事违法	刑事违法
违反禁止性规则（法律义务）	侵害法益	有罪责地侵害法益

如果放在规范犯罪论的四要件体系中观察，则可以图示如下：（短线是两者共通的，长线是刑事违法独有的）

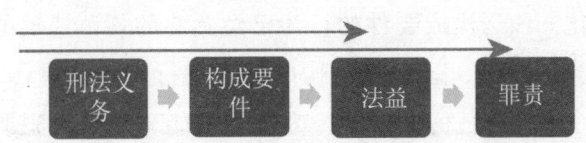

第十章 刑法规则与犯罪构成的关系

在规范犯罪论主张上，犯罪构成的前三个逻辑要件具有价值上的共通性，违法与刑事违法在这三个环节可以作出价值同向的判断。所不同者，刑事违法相对其他违法在性质上更加严重，在法律渊源上所违反的不是其他法律而是刑法，它们在形式结构上的共通表现都是违反了法律分配的义务（或者以滥用权利的方式转化为义务的违反）。符合这些分配义务的构成指标，在实质的意义上，它们都是侵害法益的行为。因此，违法性的判断，是形式与实质结构的统一。在统一的意义上，单纯地主张法益侵害说就是不妥当的，违法首先是对法规范的违反，在规则的意义上就是首先违反法律分配的义务。经由义务违反、构成要件再深入到法益价值侵害，违法的品质才能真正揭示出来。只有这样，才能将刑法与其他法律的价值关系顺畅地联系起来，解决刑法作为补充法、保障法（相对其他法律的二次法）的价值通约性，消除法律体系的价值障碍。对刑法来说，规范犯罪论的新四要件主张，可以将违反刑法分配的义务作为最初的违法判断对象，并根据违反义务的方式，将犯罪分为违反禁止规则的违禁犯，违反命令规则的违令犯，以及两者的组合犯，并将违反禁令本身视为侵害法益最初与最抽象的形式。借助这些概念，违禁犯与（构成要件上的）作为犯、违令犯与（构成要件上的）不作为犯、（法益分类上的）形式犯与实质犯可以在不同的逻辑环节解释犯罪构成的特征，为准确地剖析犯罪提供指引。

基于规范违反说的立场，违法与刑事违法在侵害法益上价值通约。违法首先是指行为反规范（无价值、非法），这种行为本身既与"这个社会"的文化规范冲突又直接违反了法律向社会发出来的禁令[1]。违反禁令既是侵害法益的一种方式又是侵害法益的起点，从这个起点出发，违法行为随着自身的发展，形成形式犯与实质犯的不同类型。换言之，侵害法益是因违反禁令（自然而然）的结果。因此，我们主张，行为无价值与结果无价值的统一。行为无价与结果无价之间是一种规范价值上的因果关系，这种关系是以行为无价为基础的，没有这个基础的结果无价在刑法上没有意义（比如死亡之于不基于任何行为无价的行为）。需要说明的是，笔者是从规范论的角度理解行为与结果的无价值性，并把它们看作一种构成要件指标上（即行为和结果）的规范描述。它意味着当我们说行为无价时，行为违反了刑法规范，对行为犯而言，行为的反规范性就足够了。当我们说结果无价时，意味着结果违反刑法规范。对结果犯而言，仅有行为的无价是不够的，还需要结果（无价）的出现才能表明这种犯罪的反规范性，才能构成（既遂的）犯罪。而这一切评价的依据，形式上取决于构成要件对行为和结果的指标分配，实质上取决于刑法规范中的隐藏的规范价值。

因此，在深层结构上将法益侵害性归纳为违法的共同品质，作为犯罪论体系上的一个重要环节的立论是成立的。犯罪毫无例外地是侵害法益的行为。因而，法益侵害性不应该是犯罪论上的幽灵（如传统刑法理论那样），而是具有体系地位的逻辑条件。不侵害法益的行为不应该"规定"，也不应该"认定"为犯罪。但在违法与犯罪之间，还需要补充另一个重要逻辑条件，这个条件就是罪责。只有当侵害法益的行为是在有罪

---

[1] 意指刑法规范既是评价规范又是意思决定规范，是两者的统一。

责的情况下实施的,这种行为才可能评价为犯罪。这样,"有罪责地侵害法益"就可以概括所有的犯罪行为,成为解释犯罪的最大公约数。"有罪责地侵害法益"作为刑事违法区别于违法的独特品质,将违法行为与犯罪行为区别开来。

本章小结:我们用刑法规则和刑法规范两个术语分别概括了规范犯罪论表里结构与前后结构两个向度的犯罪构成的理论,归纳了新的犯罪构成逻辑要件。这是一个双层递进的结构,四个逻辑要件依次递进,由表及里、由浅入深、前后呼应,真正实现了逻辑条件与价值条件的统一,彻底消除了传统理论的逻辑与价值悖论。

我们用权利义务关系解释"入罪"与"出罪"背后的法律关系以及这种关系代表的法价值,将犯罪视为否定这种法秩序与法价值的行为。这种对法价值的肯定与否定在规则上的体现,就是形成禁止性规则与容忍性规则。禁止性规则在法律性质上全部属于强行规则,是一种刑法义务的分配。因此,违反禁止性规则导向"入罪"。容忍性规则其实可以理解为任意规则的特殊形式,其品质是权利。这种解释在涉及行为是否违法(包括刑事违法)上没有任何问题,但由于刑事违法的特殊性——需要罪责性参与,又由于罪责概念潜藏在"理性人""道德主体"的基本假定之上,因为需要将不符合这些假定的情形,基于一切文化的理由(比如理性丧失或人道)作出制度安排。所以,在刑法上就形成一些基于人身的不处罚事项(比如年龄、精神疾病等),由此,划定进入罪责评价的范围,并在这些划定的基础上,用罪责概念概括行为时态度的反规范性。因此,罪责可以理解为态度的无价值(态度不法)。如果因为行为人没有罪责不构成犯罪，无非是表明这种侵害法益的行为发生时，行为人不具备罪责评价的逻辑前提（即无责任能力），或者虽然具备这种能力，但在态度上无可指责（无罪过、无期待可能性）。其实，只要把罪责评价潜藏的逻辑前提去掉，态度不法可以理解为形式上违反了刑法分配的主观义务以及深层结构上社会对这种态度的拒绝（否定评价）。因此，一切任意法上允许的"意思自治"都不可能评价为罪责。只有违反刑法的态度才能进入罪责范畴。阻却罪责的事由，或者是因为不具有罪责评价的逻辑条件（前提），或者是因为在态度上无可指责（如没有罪过，或者无期待可能性等）。因此，容忍性规则可以理解成任意规则的特殊形式。在容忍的范围内，一切侵害法益的行为应该或可以不"规定"和"认定"为犯罪。

因此，用容忍性规则与禁止规则相对称，对一切可能"出罪"的事项予以概括。其结果是，一切符合容忍性规则的行为，其价值导向"出罪"（或者宽宥）。所以，出罪与入罪就是两类规则的博弈。从深层结构上看，侵害法益是法价值否定性的客观结构，罪责是法价值否定性的主观结构。违法与刑事违法在侵害法益上具有价值通约性，犯罪是违反法价值，或者换一种说法违反法规范的行为。文化规范、法规范和刑法规范在价值上是通约的，但规范的性质及形式上具有法与伦理、法与法之间的区别。刑法规范是对文化规范、法规范中最核心的部分的规制与保障。因此，违反刑法规范是一种最严重的违法行为，应当"规定"和"认定"为犯罪。"规定"涉及立法对权利义务的分配，认定涉及司法对个案的处理。从"立法规定之罪"到"司法认定之罪"涉及类型化与非类型化审查的两个

第十章　刑法规则与犯罪构成的关系

环节，但它们的内在逻辑与价值判断是一致的。这种一致性体现在规范犯罪论的依次递进的四个逻辑要件之中，满足这些条件犯罪即可构成。如此，规范犯罪论在解释刑法规则与犯罪构成的关系时，从横向与纵向两个方面，分析了犯罪构成的逻辑条件，通过刑法规范的纽带，将刑法规则与犯罪构成联系在一起，成为重新解释犯罪构成知识体系的逻辑术语。

规范犯罪论的纵向结构图示如下，第一层是形式结构的刑法规则违反性，第二层是深层结构的刑法规范违反性：

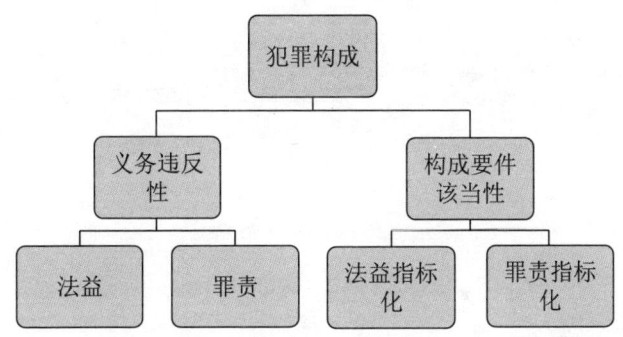

规范犯罪论的横向结构图示如下，第一阶段是刑法规则违反性，第二阶段是刑法规范违反性，分别对应于类型化与非类型化审查的两个逻辑阶段：

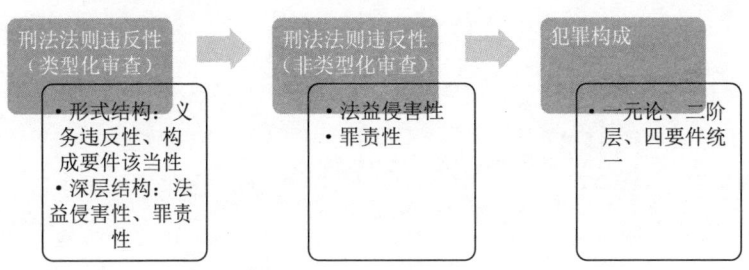

完整的一元论二阶层四要件体系图示如下：

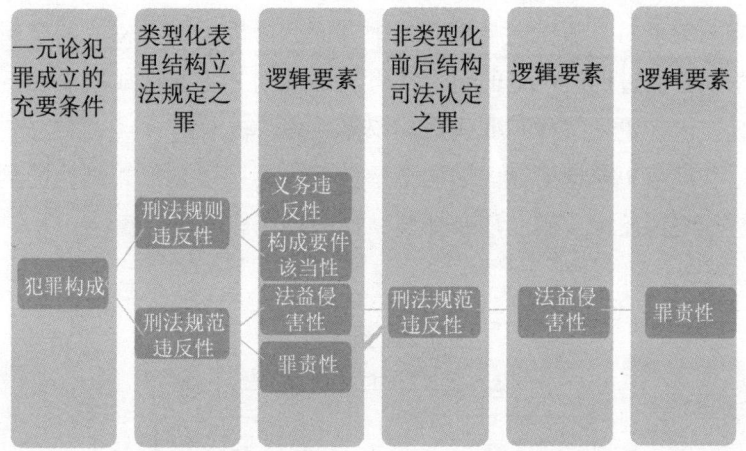

第十一章

刑法规则与刑事责任的关系

　　刑法是关于犯罪与刑事责任的法律。罪刑关系是刑法永恒的主题，也是刑法学研究永恒的对象。刑法规则是关于罪与刑的法律关系的制度形式。犯罪是刑法调整的对象，刑事责任是调整犯罪的方法，两者的关系也需要按规范犯罪论的逻辑进行思考。本章将针对这些问题进行讨论。

第一节　犯罪与刑事责任

　　从部门法的划分标准上，因刑法以犯罪为调整对象，用刑事责任作为自己的调整方法从而使自己区别于其他法律部门自成体系。对象与方法的关系，整体地解释了犯罪与刑事责任的关系。这种关系在法律逻辑结构上的表现，就是行为模式与裁制模式的结构组合。在解释这些关系时，规范犯罪论在犯罪范畴上，提出了一元论、二阶层、四要件的理论体系。区别了违法与刑事违法、罪责与刑事责任两组在传统刑法理论上极其混乱的概念。在批判传统犯罪论的同时,用法益侵害性取代传统理论上的违法性。明确指出:在犯罪领域的违法不是一般意义上的违法,而是刑事违法,"有罪责地侵害法益"是一切犯罪的共同品质。法益是所有法律保障的标的,损害法益是一切违法的共同品质,但只有"有罪责地侵害法益"才能区别违法与犯罪两种性质不同的行为。在规范犯罪论的理论体系下,罪责与刑事责任也是两个性质不同的概念,罪责是犯罪构成的逻辑要素,没有罪责意味着不构成犯罪。而刑事责任却是在犯罪构成以后,解决行为人法律责任的一种区别于其他法律责任的特殊责任,意味着犯罪后将要承担的法律后果与负担。在结构上是因应犯罪的反映,是与犯罪处于同一逻辑层次上的对应范畴。作为对犯罪的回应,刑事责任整体上是主观与客观、法益与罪责、行为与行为人统一评价的概念。对于已经构成犯罪的行为,逻辑上应当承担刑事责任,但是,刑事责任是否在个案中有必要,不仅需要犯罪构成的前提,而且需要考虑更广阔的因素,特别是考虑刑法的目的、机能、刑事政策,在已经构成犯罪的前提下,基于刑事责任自身的使命可以对个案中的行为决定是否,以及如何追究行为人的刑事责任。对此,《规范犯罪论》一书作了初步的论证,区分了应罚性、需罚性和适罚性三个概念。应罚性主要对应刑事责任与犯罪的结构关系,犯罪是应当追究刑事责任的行为。需罚性主要考虑在已经构成犯罪的情况下,是否具有刑事政策意义上的必要性与合理性。对于在政策上不合算、不合理的选项放弃适用刑罚是合理的。适罚性主要考虑广义刑罚的效用,在区别刑罚与保安处分两类刑事责任的刑法体系下,这是一种安排刑事责任的常见方法。通过

第十一章 刑法规则与刑事责任的关系

刑罚与保安处分的分别或者交叉适用，追求个别化的预防效果。

总之，犯罪与刑事责任的关系需要用调整对象与调整方法这个最基本的逻辑关系来思考，否则，恐怕只会造成更多的混乱。比如，德日为代表的传统理论上至今流行的可罚性理论、客观归责理论、答责性理论，虽然各有千秋地洞见了当代刑法的种种问题，也提出了解剖问题的方法与思路，但在处理犯罪与刑事责任两者的关系上，总是不尽人意，有时十分混乱。比如，可罚性理论。在笔者看来，主要是想解决一般违法与刑事违法的关系，用可罚性将一般违反禁止性规则的行为与犯罪意义上违反禁止性规则的行为区别开来，在构成要件上提出客观处罚条件的要素，就是为此服务的。如果这是为了解决犯罪类型问题，那么，这是一种不成功的划分，因为如何解决犯罪类型是一个分配正义问题，技术上设立怎样的构成指标，是一个立法技术问题。在"给定"的规则下，客观处罚条件就是构成指标，属于犯罪类型的指标之一。换言之，这是该当性问题，纳入构成要件指标内的所有指标都是犯罪构成的素材，不需要可罚性的概念[1]。但可罚不可罚却是可以在刑事责任领域的探讨的问题。在已经构成犯罪的条件下，作为启动责任的条件——可罚性可以更周到地观照刑法的目的理性、刑事政策的需求，因而宜于放在刑事责任范畴进行规制与讨论。再如客观归责理论，在罪与刑两方面观察，都是极有洞见的理论，但如何处理

---

[1] 从规范犯罪论的理论逻辑上讲，所有的构成要件指标，都是形式结构，其深层结构是法益与罪责，如果没有所谓的可罚性和客观归责，完全可以不规定，反过来说，规定了这些条件，即表明行为是可罚和可归责的。

两者的关系,却令人困惑,在罪的方面客观归责可以在目的理性的指引下更加合理。在刑的方面也可以帮助立法与司法更好地创制与解释当代刑法,但是,在处理罪与刑的关系时,似乎模糊了两者的界限,这种模糊在答责性概念上体现得最为充分。在笔者看来,这是一个兼有罪责与预防必要性的概念,一方面,意味着谁对制造的作品负责［即归责,或答责（自我或他人）］,另一方面,意味着从刑法的目的上看,是否有负责的必要性（即一般预防的必要性）。这个概念在刑事政策的意义上是有价值的,但是,在体系化的犯罪论和刑事责任论上,却一个制造了混乱的概念,混淆了犯罪与刑事责任两者的基本关系。作为调整对象的犯罪,逻辑上如何才能构成,不同的理论体系可能给出不同的回答,但"犯罪是有罪责的行为"是所有理论的公约数。这个意义上的罪责,是犯罪构成的逻辑条件,并且只是一个必要条件,是相对法益侵害的一种态度评价,它与是否需要或者有必要承担刑事责任是两回事。整体上,罪责包含于犯罪之中,而犯罪是刑事责任的调整对象,刑事责任是犯罪的调整方法,是在已经构成犯罪的前提下,解决如何处理犯罪的问题。因此,将预防必要性纳入犯罪论的体系逻辑是不恰当的。在笔者看来,客观归责与答责是一个问题的两个方面。客观归责在构成要件环节限制了划入犯罪圈的范围,能够为构成要件的实质解释提供答案。能够客观归责的行为无非是创设了所谓不被允许的风险,因创设了这样的风险,行为与结果之间的因果流程不再是解释客观归责的唯一依据。一些存在因果关系的案件因为不具有客观归责的基础,不能进入构成要件之中。此时,行为能否客观归责就成为案件判断的

第十一章　刑法规则与刑事责任的关系

关键环节。在传统三阶层的体系下，能客观归责就成为判断是否为该当构成要件的一个实质要素。另一方面，客观归责同时也意味着，谁创设了这种不被允许的风险，谁就必须要为这种风险不实现的结果负责。风险管辖的另一面就是答责。"按照这一原则，任何人都必须安排好他自己的行为活动空间，从这个行为活动空间中不得输出对他人利益的任何危险。如果创设了这样的一个风险，那么，当事人必须承担担保这种风险不会转化为现实的责任[1]。因此，被客观归责的行为需要行为人自我答责。在传统犯罪论的体系之下，客观归责与答责分别从违法与责任两个环节进入了构成要件的领地。这反衬了传统体系的固有矛盾，反映了它们在构成要件与违法、责任的体系逻辑下无法实现体系内的自圆其说。

但在规范犯罪论的体系下，客观归责的这种限制"归责"范围的作用，可以用更清晰的义务违反性和法益侵害性解释，答责性可以用义务违反性和罪责性解释，构成要件作为指标体系将这些要素指标化、标准化。总之，规范犯罪论的逻辑体系可以更清晰地解释这些问题。可以从形式与实质两方面限制划入构成要件的行为范围，将创设不被允许风险的行为，视为违反刑法义务、侵害法益并且是有罪责的行为。这样，可以充分解释所谓客观归责的问题，也可以为行为人为什么需要答责提供专业分析。在规范犯罪论的体系中，刑法规则是一体两面的，刑法规范在表里结构上也是一体两面的。行为无价值表明侵害法益，态度无价值表明具有罪责性。两者都有机地统一于

---

[1] 参见［德］乌尔斯·金德霍伊泽尔著，蔡桂生译：《刑法总论教科书》，北京大学出版社 2015 年版，第 101 页。

犯罪类型之中，因此可以无障碍地解释客观归责理论与答责性理论提出的问题（即用不被允许的危险和答责性限缩构成要件的范围）。另一方面，用答责性整合罪责与一般预防的必要性虽然具有刑事政策和刑法机能上的合理性，但在犯罪论体系上却也是有疑问的。因为预防犯罪（无论一般预防还是特别预防，也无论是积极或者消极的一般预防）只是制定和适用刑法的一个功利追求，与刑法的目的理性和刑事政策的追求有关。这些当然极其重要，但作为技术方案的解决途径，仍然需要犯罪论和刑事责任论的理论总结。对犯罪论来说，科学的逻辑结构与分析框架才是重要的。预防必要性作为一个宏观的刑法理性和政策追求，在制定和适用刑法的过程中贯穿于罪与刑的通盘考虑之中。但对犯罪的构成来说，罪责这个概念就足够了，没有必要将预防必要性纳入其中[1]。特别是在类型化的刑法创制中，预防必要性已经作为配置罪刑规则的因素比较充分地体现在刑事立法之中。我们通过类型化审查就能够在该当性环节解决立法规定之罪的预防必要性问题。至于非类型化时，审查个案是否具有预防的必要性则完全可以通过对犯罪的整体评价和刑法的目的理性、刑事政策、功利追求，在刑事责任的环节灵活处理。

　　上述粗糙的评论是想强调罪与刑两者的基本逻辑关系。作为调整对象的犯罪和作为调整方法的刑事责任，是涉及不同领

---

[1] 至于如何更科学地定义罪责，当然是开放地，答责性、负责任性等表述可以更开放地探讨，从刑法的目的和刑事政策的角度讲，预防必要性始终是一个值得在罪与刑上思考的问题。作者的批评主要是体系逻辑上的，并不否认这些概念在理解刑法上的意义。

域，内涵与外延各不相同而又相互关联的范畴。犯罪论是关于犯罪构成的规律性认识，刑事责任论是关于刑事责任规律性的认识。罪与刑的法律关系是刑法学永恒的研究对象，两者作为刑法学的两大范畴，组成了完整意义上的实体刑法学。由于犯罪与刑事责任之间存在目的与手段之间的逻辑关系，总体上应该服从比例原则，不允许不择手段地达成目标。无论刑事立法或者司法都应该体现刑法的谦抑性。至于如何在刑法学的意义上处理两者的关系，是一个更宏观的问题。但万变不离其宗的是，犯罪是刑法调整的对象，刑事责任是调整犯罪的方法，它们都共同服务和服从于刑法的目的理性与价值追求。

第二节 行为规则与刑事责任的关系

行为规则是作为刑事责任的逻辑前提在刑法规则上的表现形式。刑法通过行为规则的建构，在罪的范畴，处理罪与非罪、此罪与彼罪、罪的类型以及罪的轻重等涉及犯罪的权利义务关系，形成模式化的刑法制度。

在规范犯罪论看来，行为规则与刑事责任的关系是通过行为规则与制裁规则的法律结构，并在类型化与非类型化二个阶段体现和实现的。有关分析简述如下：

刑法规定的行为规则范围广泛，既有总则性的规则，也有更多大量的分则性规则，但其中具有基础地位和完整法律结构逻辑的是基本规则。我们以基本规则为视角，发表以下看法：

在论证之前，仍然有必要讨论一下以德日为代表的传统理论上在笔者看来可以归入规范论的一种见解。这种见解从行为规范和制裁规范入手,对犯罪构成的逻辑进行理论探讨。将构成要件该当性与违法性纳入行为规范的范畴进行讨论,将有责性放入刑事责任领域,并一起在制裁规范范畴处理。在这种理论看来,行为规范属于不法领域,制裁规范属于罪责与刑事责任领域。这是一种不同于不法与责任二阶层的新体系,在德日为代表的传统理论阵营中是一种新颖的见解。由于是从规范的角度思考犯罪论,笔者将其视为规范论的阵营。在笔者看来,在将行为规范视为不法类型上,该理论与二阶层理论相同,在责任环节,与二阶层相异,将传统上属于犯罪构成要件的责任环节从犯罪构成中抽离出来,变为属于制裁规范的一部分。这样将传统刑法上作为调整对象的犯罪与调整方法的刑事责任两个范畴的问题,置换成了行为规范与制裁规范的关系问题。于是,彻底地颠覆了传统犯罪论的基本结构[1]。

对此,笔者的评论是,以德国日本为代表的传统犯罪论确实存在深刻的内存矛盾,必须加以否定。用规范的逻辑思考犯罪和刑事责任的方向是正确的,在这个方向上,上述理论的努力是值得肯定的。在规范犯罪论看来,传统理论最根本的失误在于理论基础上的二元论。即一开始就区分"存在与当为""事实与规范",在犯罪构成的思考中,不从刑法义务开始,而是直接去建构构成要件,由此埋下了传统犯罪论不可药救的命运。行为论与构成要件论、三阶层、二阶层,包括上述理论都没有跳出二元论的窠臼,无法从根本上摆脱事实与规范的矛盾,也没有建立清晰地类型化与非类型化概念,从而导致其理

---

[1] 这种理论的代表人物如日本刑法学家高桥则夫教授等。

论体系无法接受严格的逻辑审查。在局部或者碎片化地处理刑法的具体问题上,传统犯罪论是贡献卓著的,但整体上是失败的。上述规范论也是如此。由于没有真正建立规范行为一元论的基础,这样的改造虽然在传统理论内部具有颠覆性,但仍然不可能成功。特别是将责任纳入制裁规范的尝试,人为地割裂了犯罪构成的内在逻辑,错误地理解了调整对象与调整方法之间的关系。从某种意义上也可以说,它是以德国、日本为代表的传统犯罪论又一次证明,是时候推翻这个体系了。

规范犯罪论认为,行为规则是刑法的调整对象——犯罪,在刑法规则上的表现,或者说,是刑法规则(涉罪方面)的另一种说法,是刑事上分配权利义务的制度形式,被规定为犯罪的行为一定是侵害法益并且是有罪责的行为。"有罪责地侵害法益"是犯罪区别于一般违法的特征。在规范犯罪论的术语上,就是违法与刑事违法这两个既联系又区别的重要概念。

在规范犯罪论看来,违法是对法规范的否定,刑事违法是对刑法规范的否定。这种否定用单纯的法益不能解释,用单纯的罪责同样不能解释。必须将两者结合起来才能准确地定义犯罪,能够涵摄法益与罪责的上位概念就是刑法规范。因此,规范犯罪论将犯罪定义为违反刑法规范的行为。这是从行为规则的角度定义的,如果将调整方法考虑进来,犯罪是应当追究刑事责任的行为,那么,可以将犯罪定义为违反刑法规范应当追究刑事责任的行为[1]。

---

[1] 如果完整地理解刑法规范,其实不用再画蛇添足地将应当追究刑事责任的内容单独表达,因为,刑法规范本身包含制裁规范,违反刑法规范的行为自然应当追究刑事责任。

一如前述，规范犯罪论的理论体系是一元论、二阶层、四要件的体系。一元论在于消除"存在与当为""事实与规范"等二元论源头上的错误，将"犯罪是一个规范的事实"作为整个理论立论的基础。由此，从根源上消除了犯罪论上事实与价值的背离与冲突（比如像德日传统理论那样，中国大陆的四要件理论也是如此，甚至更不堪），使犯罪构成的体系逻辑始终建立在两者（事实与规范、存在与当为）统一的基础上。二阶层、四要件是一个一横一纵双层递进的结构模式：横的方向解决类型化与非类型化时的犯罪审查，纵的方向解释犯罪构成的形式与深层结构与关系。四个逻辑要件依次递进，发挥着犯罪审查的逻辑作用。由此观之，行为规则属于犯罪论的研究领域。它与刑事责任的关系是通过制裁规则的制度配置，并在类型化与非类型化审查过程中体现和完成的。这一部分在《规范犯罪论》一书中没有专门更没有深入地讨论，现补充论证如下：

行为规则与制裁规则都是刑法规则，两者分别是对犯罪与刑事责任的制度化配置，解决罪与刑的分配关系，这是从制度的一面来说的。犯罪论中"立法规定之罪"在制裁规则上体现为"立法规定之刑"（即法定刑），是一种模式化、类型化的制度安排。同样，从"立法规定之罪"到"司法认定之罪"是一个从分配正义向纠正正义转换的问题，类似的问题在制裁规则同样存在（宣告刑）。此时司法者面临的问题是非类型化的、个别的具体案件，如何适用刑法解决具体案件的定罪与量刑是司法的中心工作。前者关乎罪的认定，后者关乎刑的适用，两者相辅相成，共同完成司法的任务。也就是说，在分析两类规

第十一章 刑法规则与刑事责任的关系

则及其与刑事责任的关系时,需要具备两个阶段的分析框架。

其一是,类型化的分析框架,此时,行为规则与制裁规则组成完整的法律逻辑结构。行为规则规定行为模式,制裁规则规定制裁模式。两者的组合,将法律逻辑结构完整地表达出来。由此,成为全社会一体遵行的法律规范(特别是裁判规范)。模式化不仅具有法律逻辑的工具理性,而且反映了罪、责、刑之间的价值分配,是工具理性与价值理性的统一。司法者在适用刑法的过程中,首先面临的就是这种类型化的审查。

其二是,非类型化的分析框架,此时,是在类型化审查完成以后,根据个案的实际情况,在法定刑的范围内斟酌适用刑罚,作出具体的判决。即用合适的宣告刑,对犯罪人进行判决。

经由这二个阶段的审查,违反行为规则的行为,以宣告刑的方式得以最终评价。犯罪与刑事责任的关系在经历了这些过程以后最终得以体现和实现。

行为规则与刑事责任的关系图示如下:

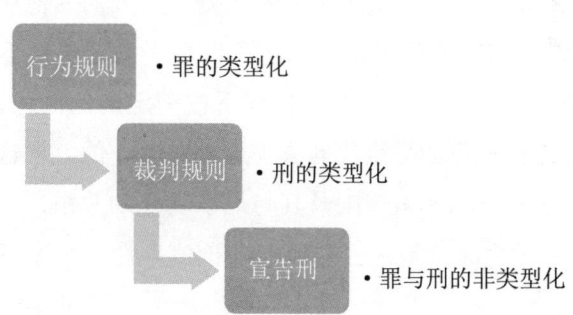

在二阶段的分析框架之外,行为规则与刑事责任还可以在犯罪论与刑事责任论两个关联的理论领域进行分析与探讨。在

罪的构成中，规范犯罪论始终将罪责性作为犯罪构成的逻辑条件，并严格区分罪责与刑事责任两个概念。作为罪的一部分，罪责是犯罪构成要件，同时与罪的其他构成要件（整体地）构成刑事责任的前提。用因果范畴观察，罪是因，刑事责任是果。两者的因果关系不能颠倒。尽管从果的角度回溯因的规则，在刑法的目的理性或刑事政策的意义上是有价值的。但就实体刑法的理论体系而言，这种倒果为因的分析路径是行不通的，只能带来体系化思维的混乱。从目的与手段的范畴观察，刑法，特别是当代刑法不可能是盲目的，而是有目的的理性的规范体系。罪的范畴是刑法的调整对象，刑的范畴是对对象的调整方法。两者都受制于刑法目的理性。在这个理性支配下，前者划定罪的范围，后者划定调整的方法。两者的基本关系应当符合刑法的目的与手段之间的逻辑关系和比例原则。在刑法的目的理性之下，如何配置两者的基本关系，不同的社会或者价值追求，会形成不同的制度安排，但总的趋势是将罪刑等价原则作为当代解决两者关系的基本原则。之外的其他功利目标（比如预防、恢复性司法等）当然可以在平衡的价值下有所取舍，但仍然需要在目的理性的目标下按一定的比例逻辑展开。不择手段地达成目的是当代刑法理念绝对禁止的。从这个意义上观察行为规则与制裁规则及其与刑事责任的关系，就具有工具理性[1]的意味，是在目的理性（价值理性）统率下的制度

---

[1] 工具理性与价值理性是相对的概念，在不同的范畴下A可以是工具理性，也可以是价值理性，重要的是与什么范畴为参照。前述行为规则与制裁规则的制度安排既是法律逻辑的工具理性，又是反映罪、责、刑价值关系的价值理性关系，但相对刑法目的的价值理性，它们又是工具性的。

第十一章 刑法规则与刑事责任的关系

安排。因此，行为规则确定的行为模式被违反后，制裁模式的跟进，是法律逻辑的必然。犯罪是应当追究刑事责任的行为，但犯罪的应罚性，并不是刑事责任的充分必要条件，只是一个前提性的必要条件。在已经构成犯罪的情况下，是否以及如何追究刑事责任还需要考虑更多的因素。这些因素始终与刑法的目的理性和刑事政策的目标高度相关，在规范犯罪论的术语下，就是需罚性和适罚性的考量必须进入刑事责任考虑的范围，只有在充分必要的条件下发动刑事责任才是合理的。

此外，在罪与刑的关系逻辑次序中，在逻辑条件上与刑事责任靠得最近的是罪责性（尽管刑事责任是对犯罪的整体回应）。罪责是犯罪构成逻辑条件的最后一个逻辑要素，同时也是开启刑事责任的首要条件。罪责性这种承前启后的地位往往会模糊两者的关系。将罪责与刑事责任不加区分地进行解释与运用，造成了体系解释的混乱。在理解行为规则与刑事责任的关系时，这一点必须加以注意。

两者的关系图示如下：

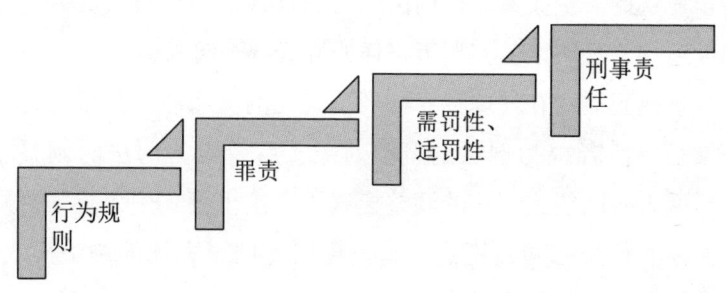

第三节 制裁规则与刑事责任的关系

制裁规则与行为规则是刑法调整模式的两个组成部分，两者的关系与规则本身的特点在前述第五章中已经初步论证。制裁规则是刑事责任的制度形式，直接体现了立法者对违反行为规则的刑事责任分配，也是一种的规范要求。

刑事责任随犯罪而产生，又是对犯罪进行法律调整的方法。从时间跨度上讲，它始于犯罪终于实现或者依法消灭。其具有所谓的人身专属性和必定性，国家通过刑法在犯罪人与刑事责任之间强制建立的法律连接，犯罪一旦形成就在两者之间产生强制的法律关系。非经法定程序或者依法律事先规定的事由，其责任不可消除。从这个意义上讲，刑事责任是贯穿犯罪始终的一个概念。我们常说的罪、责、刑统一，就是一个全覆盖的概念。在这里，犯罪的质量关系，与刑事责任的质量关系，以及最终体现的（广义）刑罚的质量关系，三者之间是一种正比例的矢量关系。在刑法的目的理性下，通过制度分配和制度适用，最终以落实刑事责任的方式统一起来。

规范犯罪论在处理犯罪与刑事责任的关系时，基本的逻辑框架是将前者视为刑法的调整对象，后者视为刑法的调整方法，两者共同组成刑法的调整模式。在这个模式中，行为规则是对涉罪行为的调整模式，制裁规则是刑事责任的调整模式。此时的刑事责任是相对犯罪的法律后果，是在狭义上理解的。

当把刑事责任作为实现刑法目的的手段理解时，这个概念是广义的。它意味着国家解决犯罪带来的问题时在能够动用的

第十一章 刑法规则与刑事责任的关系

诸多手段中，用刑法解决犯罪人的法律责任的一种特定的选项。国家在面对犯罪的挑战时，除了需要考虑对犯罪本身回应外，还需要考虑更多的问题，比如受害人如何救济？社会如何安抚？怎样才能真正地改善犯罪者的"罪性"？以及其他基于外交、国防或者其他的重大利益等考量，在这些诸多考量中，业已存在的罪行只是作为前提条件的一部分。在是否以及如何追究刑事责任时，除了已然的罪行外，一些基于刑法目的和刑事政策的考量的因素会合理地进入刑事责任的评价之中，成为左右刑事责任评价的因素。规范犯罪论用需罚性和适罚性两个概念对此进行了理论概括，前者用于刑事政策的选择，后者用于效用选择。在行为已经构成犯罪的情况下，如果不具有需罚性或者适罚性，不追究刑事责任才是明智的选择。

因此，制裁规则仅仅是对应行为规则的制度安排，是刑事责任的体现但本身并不等于刑事责任。

从罪刑法定主义的立场看，罪的法定、刑的法定以及两者关系的法定是基本的要求。罪的法定，通过行为规则确定；刑的法定，通过制裁规则确定，两者的关系，通过罪刑规则确定。规范犯罪论在处理这些关系时，用规范行为一元论统一犯罪构成，即奠基于行为的构成，包含了犯罪在构成上所有的必要条件。行为人是作为构成要件的主体成为犯罪行为模式的组成部分（行为客体也常常涉及人的选择，同样，也是行为模式的构成指标），而在刑事责任领域，则用规范行为和行为人二元论统一解决刑事责任，以此解决责任的人格归属。犯罪不是无主现象，而是人的行为。结果归属于行为，行为归属于行为人，只有结果对行为的归属，没有行为对行为人的归属，刑法就是不完整的，刑法理论也是不完整的。犯罪与刑事责任是刑法永恒的两个主题，也是刑法区别于其他任何法律的根本。完整的刑法理论是由犯罪论和刑事责任论组成的，从行为一元论到行为与行为人二元论正是解决两者不同任务的理论需要与概括。因此，规范犯罪论在犯罪构成上坚持规范行为一元论。在刑事责任论上则采取规范行为与行为人二元论的立场，需要解释与说明的是：这种二元结构不是简单的因果归属（因果责任），而是因果归属与自由意志（道德责任），并基于刑法规范以及刑法目的理性相结合的一种规范性结构。在这种结构中，作为犯罪评价基础与前提的是行为，但"应受处罚的不是行为而是行为人"。如果用传统刑法理论上的术语表达，刑事责任是行为责任与行为人责任的统一，是主观责任与客观责任的统一，是道义责任与社会责任的统一。制裁规则只不过是立法分配罪、责、刑的一种模式化制度。从文本到运用文本之间，司法需要平衡各种利益与价值冲突，在解决个案犯罪的刑事责任时，刑法的目的理性始终是我们追求的目标，在这个目标指引下，在刑法允许的范围内，刑事政策性地适用（或者不适用）刑罚，解决个案的刑事责任才是司法工作的使命。

本章小结：行为规则与制裁规则是刑法规则处理罪与刑的制度模式，受"这个社会"核心价值观的支配。在刑法的目的理性支配下，两者分别解决罪与刑的制度分配。前者涉及刑法的调整对象，后者涉及调整方法。就两者的逻辑关系而言，它们是实现刑法目的理性的法律逻辑结构。行为模式+制裁模式完整地表达了刑法调整社会的调整模式，构成实体刑法学的研究对象。在入罪的意义上，刑法规则就是各种类型的罪刑规

第十一章 刑法规则与刑事责任的关系

则。犯罪论处理"罪"的部分,刑事责任论处理"刑"的部分。在体系化的解释学上,笔者主张,区分立法规定和司法适用两个环节,在规范的意义上理解这些规则。从分配正义和纠正正义两个方面,区分类型化审查与非类型化审查两个环节。并在刑法的目的理性下,依靠科学的犯罪论指引,刑事政策性地理解和适用刑法,真正做到罪责刑的统一。

后 记

作为《规范犯罪论》的姐妹篇，本书的写作虽然没有专门讨论以德国、日本为代表的大陆传统理论，也没有涉及我国传统的四要件理论，但读者们可以从本书的逻辑体系中发现，无论是理论基础、分析框架还是理论体系，本书都与这些理论有别。是一种用全新的立论、方法与逻辑思考犯罪构成的理论，是从法条、规则到规范的一种体系化主张。在规范犯罪论的理论体系中，刑法规则是刑法规范的制度形式。在犯罪论部分，刑法规则是行为模式的制度形式。这种规则具有一体两面的性质，即一方面规定行为义务，另一方面规定构成要件，两者的组合形成法律上的犯罪类型。基于刑法规则的表里结构与集成结构，利用构成要件这个逻辑工具，将形式上的刑法义务（禁令）及其指标，深层结构的法益与罪责整合成可以清晰分析的犯罪类型。对刑法规则的研究，首先是研究这种模式化的类型，以此为个案化的司法审查（即非类型化审查）创造必要的

后 记

逻辑条件。但作为一本专门探讨刑法规则的著作,这些问题的探讨仍然是粗浅的,还有大量的问题本书并未涉及,也说不上深入的探讨。

本书初稿完成于2017年底,紧接着又着手撰写规范犯罪论的另一个专题——义务违反性论,再后来继续撰写构成要件论。所以,完成后一直没有时间修改。在收到贵州民族大学法学院通知准备出版后,才抓紧对原稿进行了修改。由于时间仓促,更由于规范犯罪论本身处于探索之中,有些问题还没有形成成熟的观点与结论。因而本书中的错谬难免,诚恳地欢迎学界同仁的批评指正,笔者将在后续的著作中再接再厉。

坦率地讲,笔者自信这个理论体系是有前途的。但眼下只是一个粗糙的框架,离一个成熟的理论还差得很远。所以,笔者也不避粗陋地将本书呈现于读者面前。非常期待在追求刑法学的真理上有人砥砺前行、有人后来居上。

最后,需要交待的是,本书一如既往地得到贵州民族大学的财政支持。在此,深表谢意。

本书由中国政法大学出版社出版,在编辑出版过程中,刘畅编辑的认真与专业令笔者非常感动。当看到书稿返回笔者确认时,不计其数的标注令笔者由衷地感激与佩服。

借此机会,再次向为本书的出版付出艰辛劳作与努力的各方人士致以最真诚的感谢。

陈孝平

2018年11月26日于贵州贵阳